愛，從臺灣飛翔

從臺灣飛翔

Love soars from Taiwan
no corner forgotten

一個角落也不遺忘

林芳瑾基金會——策畫

戚文芬——撰述

推薦序

樹立臺灣社會福利基金會史上的獨特慈善風格

　　林芳瑾社會福利慈善基金會創辦人林昭元先生與萬長是鄉親好友，曾經共同參與嘉義同鄉會、義義會、諸羅會。昭元兄經營事業有成，長期投入時間與善款關懷社會、服務鄉親、回饋母校。在長女林芳瑾過世後成立「林芳瑾社會福利慈善事業基金會」。昭元先生「人間行者利他行」的形

蕭萬長前副總統伉儷（左4、5）應邀參加林芳瑾基金會於103年8月2日舉辦的「慶祝父親節暨紀念林昭元創辦人音樂會」留影。

象深植我心。

　　基金會成立以來，秉持著「教育・關懷・希望」的核心精神，從募集偏鄉圖書、發放助學獎學金、補助居家照顧、關懷社區銀髮族、成立家庭照顧者團體，倡導亞斯伯格議題、輔導寬心安頓個案、扶助急難家庭等，一直秉持關懷、慈悲、愛心的心念，踏著穩健的腳步，讓社會更美好。

　　恭喜基金會十歲了！從基金會在十週年出版專書《愛，從臺灣飛翔：一個角落也不遺忘》中，更可以瞭解基金會認真規劃每一個社福專案，設身處地為弱勢族群設想，並落實執行，努力將關懷與希望傳遞到需要的角落。

　　期待基金會繼續以創辦的初衷及核心價值，鏈結資源用心深耕，在臺灣每個角落中，撒下愛與關懷的種子，讓「愛，從臺灣飛翔」並且做到「一個角落也不遺忘」，營造「人生因利他而豐富」的內涵，樹立臺灣社會福利基金會史上的獨特慈善風格。

中華民國前副總統　蕭萬長

推薦序

深耕十年　賀有成

　　「財團法人臺北市林芳瑾社會福利慈善事業基金會」十年深耕有成，可敬的工作夥伴，在過去三千六百多個日子，埋首在各個需要的地方，從學校的教育建設、亞斯伯格症兒童個案支持、急難救助、身心障礙補助、大專院校專案合作計畫，一路延伸到銀髮族的生活品質照顧。無論海隅、

台北市嘉義同鄉會於99年元月11日訪問嘉義市政府，林昭元創辦人（左）代表同鄉會致贈大紅包（10萬元），捐做關懷獨居老人之用，由黃敏惠市長代表嘉義市政府接受。

山巔、都會或偏鄉，夥伴們每一步都秉承基金會「教育‧關懷‧希望」的理念，每一步都帶動人與人之間愛的提升與善的積累，十年來，汗水、淚水所澆灌的旱地，終於長出一脈青翠，的確可喜可賀！

溯流祖源，首先要感佩「財團法人臺北市林芳瑾社會福利慈善事業基金會」創辦人林昭元先生的高瞻遠矚。林老先生，出身嘉義新港大潭村，嘉工畢業後，不囿於清寒而力爭上游，先服務公職，再自行創業，從事建築，起初，雖然根基未穩，卻不忍母校——新港國小木造禮堂老舊傾斜之危，毅然籌資興建，惟，日後面對其他建案資金的巨大壓力，正在不知如何是好時，剛好路過觀音山一座寺廟，昭元先生停車小歇，醒來時，廟中傳來陣陣沉穩的鼓聲，頓時心中一片祥和安靜，不經意間，竟然提筆在卷上寫下了「先公後私」四個字，從此，篤定的擱下原先的建案，一心以興建母校禮堂為先，如此，一念之生，才能使紀念父親的「寶壇館」在1974年1月10日動工，半年多後的「八八父親節」完工啟用，實在具有多重意義。

之後，舉世發生能源危機，百業大受衝擊，昭元先生回憶，當時幸賴「先公後私」之念，擱下其他建案，才得以免去龐大資金的壓力，否則，公司恐有倒閉之險，更想不到的是，捐贈禮堂的善舉，後經《工商世界》詳細報導，昭元先生因而贏得更多客戶的好評、信賴，從此，事業蒸蒸日上，成為業界的佼佼者，尤值一提的是，他於事業有成後，豁達大度積極獎掖後進，並熱心社會慈善公益活動，全力回饋地方，更令人津津樂道。許多朋友問起他事業成功的關鍵，他說：「是孝順給我帶來人生的轉機。」

說到昭元先生的孝順，除了「先公後私」、優先捐建母校禮堂紀念父親以外，當年，他北上工作，不捨69歲高齡的父親日日飽受耕田之苦，希望他能北上同住，乃亟思如何協助父親「輕鬆」轉業，在花了兩天，一口氣讀完《淡水養殖學》後，不但成功協助父親改行養殖，也體悟出「從書本中找知識」的重要性，足見昭元先生事業有成，真非偶然也！

2013年，昭元先生以83歲高齡仙逝，他一生除殷實發展事業有成以

外，更積極投入許多公益、慈善事業，舉凡「嘉義旅北同鄉會」、「新港文教基金會」、「新港國小教育基金會」、「別墅讀書會」……，乃至「昭元食堂」等，都留下了他生平中最令人動容的身影和故事，而在莘莘學子的心底，他更是謙和慈祥、助學多方的林爺爺，他家客廳中「人生因利他而豐富，慧命因自覺而成長」的對句，傳神又貼切地闡述了創辦人林昭元先生的行誼與德澤。

當然，還要特別一提的是：民國95年，林老先生以舐犢之愛，成立「財團法人臺北市林芳瑾社會福利慈善事業基金會」，除了紀念愛女芳瑾女士生前對生命的熱愛以及對社會的關懷之外，更希望藉由善業活動一呼百應的加乘效果，達到善的連結、善的循環與社會良善氛圍的整體形塑。

善業這條道路，昭元先生是點燈者，也是引路人。基金會的足跡之所以能由家鄉、臺灣一直到域外，端賴林創辦人一路走來，一點一滴植下善的種子與因緣，也才有涓滴細流匯成大海的喜樂。

的確，善的流動、傳揚，柔軟無私，力大無比。「將服務從臺北市擴大到臺灣任何一個需要的角落，進而影響更多人，共同奉獻心力，發揮大愛與慈善的精神。」林創辦人的期勉言猶在耳。而十年來「財團法人臺北市林芳瑾社會福利慈善事業基金會」的付出，更印證了臺灣最美麗的風景是人的說法。歡迎您、我一起加入「為善最樂」的行列，讓我們燈燈相續、薪火相傳，協力遞送光亮與希望到每一個需要關懷的角落。

欣逢「財團法人臺北市林芳瑾社會福利慈善事業基金會」十周年慶系列活動，並出版專刊，敏惠謹記一、二，敬表感佩之意，也祝「財團法人臺北市林芳瑾社會福利慈善事業基金會」會務更加順利成功！

前嘉義市長、中華台北特奧會理事長　黃敏惠

黃敏惠

推薦序

懷念林昭元創會董事長

　　成立已經十週年的林芳瑾慈善基金會，是新港傑出旅北企業家林昭元夫婦，爲紀念愛女林芳瑾女士，在有限時間內可以活出精彩燦爛人生而創立；另一方面，經由基金會十年的辛苦耕耘，點點滴滴彰顯了林爺爺（新港學童對林昭元老先生的暱稱）愛人不落人後的璀璨人生，特別在他生命

林昭元創辦人（中）擔任新港文教基金會董事，參與新港文教基金會董事會時發言（左為陳錦煌董事長，右為陳政鴻副董事長）。

的最後階段，明知身體有恙，仍然每月準時返鄉和新港別墅讀書會的晚輩分享人生，同時利用慈善基金，大力支持新港國小、新港文教基金會及嘉義縣扶緣服務協會的教育及在地工作，身為林爺爺的新港後輩，回想林爺爺事業有成後，不斷奉獻鄉里，培育後進，兼顧社會公平正義，關心老人、弱勢及亞斯伯格症等，直到最後一口氣的精神，是紀念林芳瑾慈善基金會十週年慶時不能忘記的。

林爺爺奮鬥有成的故事，在新港幾乎無人不知，無人不曉，我和林爺爺的最初接觸，事實上他並不知道，那是在1981年中秋節，我返鄉開業診所開幕的當天，為感謝親朋好友對我們家的照顧，特辦桌款待，宴會場所就設在林爺爺以他父親名字捐贈新港國小的「寶壇館」，當時的縣長涂德錡先生致詞時，特別提到「寶壇館」的由來勉勵我，期望我開業有成後能效法前輩林昭元董事長回饋家鄉的例子，我深受感動。

1987年因為大家樂流行，加上電子琴花車脫衣舞表演對傳統文化的傷害，新港鄉親憤而出錢出力，籌組新港文教基金會，並且推選我擔任董事長，那是臺灣基層鄉村的首例，並無前例可以依循，然而，常常從鄉親口中聽到林爺爺在臺北事業有成不忘回饋鄉里的故事，是我開始基金會工作時學習的典範，在基金會發展過程中，林爺爺也給了我許多的鼓勵。

基金會的工作限於人力物力，為了對抗電子琴花車色情表演，及給新港孩子有一個比較好的學習環境，早期工作項目大都集中在引進各式藝文展演，成立兒童青少年圖書館，環境綠美化，及保存宋江陣、舞鳳軒北管傳統文化……等，而林爺爺重視的是教育，除了早期「寶壇館」的捐贈，在新港國小成立百年校慶紀念時，帶頭發起捐款成立新港國小教育基金會，購買樂器、服裝及聘請講師等，協助成立四個樂團，奠定了新港國小音樂教育聞名全國的基礎，也培養了無數人才；林爺爺不僅出錢，每年校慶都親自帶領兒孫返校和學童慶祝，並思及幼年學習成長過程的艱辛，為

了不忘父母養育之恩，親身示範推動「洗腳報親恩」、「奉茶反哺情」、「無言的感謝」、「愛的進行式」……等，身教重於言教，是新港孩子終身難以忘懷的一幕。

我能和林爺爺面對面直接接觸，是他返鄉參加基金會別墅讀書會，這個由同為新港旅北傑出企業家——耕興科技黃文亮總裁發起成立的組織，十多年來每月第一個週末下午，一直是新港在地及旅外鄉親一起分享新知分享人生的平台，能邀請林爺爺加入讀書會，是我們的福氣，因為我們讀到的知識或理論，幾乎都可以在林爺爺豐富的人生歷練中得到驗證，我曾開玩笑說：「書我們讀，林爺爺講故事就好了！」從日據時代、光復前後、二二八事件，到臺灣邁向四小龍的經濟發展過程的故事，他都耳熟能詳，如數家珍，林爺爺本身其實就是一本活生生的書；更重要的，他那秉持善念經營企業的作法，往往幫助他峰廻路轉，雖然失之東隅，卻是收之桑榆，在他身上，讓我們學到了：「人生因利他而豐富，慧命因自覺而成長」的道理。

林爺爺愈到人生後期挑戰愈大，包括他唯一兒子先他離去，及他自己也得病了；然而，林爺爺仍秉持赤子之心，每月回新港一起讀書，分享他擔任慈濟功德會大護法的心得，關心大潭村無依老人的生活，詢問扶緣及基金會的工作是否順利，連讀書會同學對他的慰問好像都是多餘……直到病情惡化視力受損無法回鄉；猶記得讀書會同學在他臨終前一起到臺北內湖寓所探望，林爺爺用盡力量撐起病弱身體接待我們，一起合唱〈綠島小夜曲〉，好像什麼事都沒發生。

林爺爺為新港孩子樹立了一個學習的典範，也為新港文化傳統增添豐富內容，這是慶祝林芳瑾慈善基金會十年慶時，新港人最感恩及祝福的地方。

財團法人新港文教基金會董事長　陳錦煌

推薦序

「天使」永傳愛──感念林昭元董事長

40年前，數百位新港國小中年級學生校外科學旅行至北部爺爺工廠時，人人獲贈這位「小天使」。開啟爺爺與我們這群學子，結了此份真善美因緣！

您，總是以眾為我──

新港國小林昭元教育基金會陳政鴻董事長，珍藏林昭元創辦人當年致贈的「小天使」。

　　觀音山廟宇傳來的鐘聲，內心升起慈心悲願，公而忘私，才能成就寶壇館禮堂，為紀念其父至今仍堅固如昔。

　　您，總是利他行善——

　　低調捐款，簡樸樂活，遍灑藝術種子於人間，弦樂團、木笛團、合唱團、非洲鼓舞團……年度匯集公演已十年有成。

　　您，總是好學不倦——

　　別墅讀書會總是有您身影，不辭臺北新港當日往返，用生命打造微笑新港的書香。即使，身軀在最虛弱負擔時，林灑津校長帶領董事會北上圍繞您膝下，最後的囑咐，道出了「萬－事－拜－託－」。讓人強忍淚水，直下承擔。

　　您不朽的精神教化成為人間典範，原來，「小天使」就是您，您就是「小天使」！

財團法人新港國小林昭元教育基金會董事長　陳政鴻

前言

人生因利他而豐富
——林芳瑾社會福利慈善事業基金會用心耕耘大愛種子

提到財團法人臺北市林芳瑾社會福利慈善事業基金會，很多人都知道是當年社會企業慈善家嘉義新港人林昭元先生為了紀念英年折翼的女兒——林芳瑾，所成立的基金會。在女兒離世後，毅然決然將高達數千多萬的金錢「散播」到每一個基金會，其中之一就是目前的林芳瑾基金會。

不過，一件善念的完成，固然和前人有很大的關係，但如何運作、如何呈現、如何完成大家眼中很多的不可能，其實就不能忽視現任執行長林芳寬所做的一切……。

林芳瑾基金會林芳寬執行長。（林聲攝影）

「人生因利他而豐富，慧命因自覺而成長」短短的一句話，卻富含人生哲理的格言，曾經是被暱稱為林爺爺的林昭元一生奉行不渝的職志。而如今，不僅是林芳瑾基金會全體上下，宛如內化在面對每一件事時的最高處理原則，更是現任林芳瑾基金會執行長林芳寬靈魂深處的一部分。

民國102年年初，林昭元的過世，無疑地，對基金會、對林芳寬、對許多人而言，都是一大創痛。但或許已經歷過人生最無常的階段，姊姊、哥哥先後因病離世，當時的林芳寬一方面要面對基金會的正常運作，一方面要處理後事，來自各界的關心，竟顯得異常的堅韌與冷靜。

回憶起往事的點點滴滴，林芳寬的臉色很是溫暖。她輕聲說道，曾在一次深夜的對談中，父親認真問她，想要做些什麼事，她的回答讓父親怔忪了好久。

「我說，我想要基金會就好。」林芳寬說得輕柔、笑得淡然。

「可是，要經營基金會不容易耶，要花很多錢。」林昭元一愣。

「沒關係，我不知道如何賺錢，但至少我清楚怎麼花錢。」

這一段對話，如果落在不知情的人耳中，或許會訝異地睜大眼。但熟悉林芳寬的人卻是忍不住地心疼。

溫暖的追憶

對許多人來說，林昭元是事業有成的企業家，同時，也是滿懷愛心的慈善家，他蓋學校、圖書館，對嘉義新港這個孕育他長大的家鄉，只要有發生任何困難，讓他知道，從不吝嗇，二話不說即是伸出援手幫忙。並從家鄉擴展到其他地方，總之，只要任何可以使力，能幫忙的，這個大家口中的林爺爺必然帶著一臉燦爛的笑容出現。

在企業界，他是知名商人，採礦、養殖、房地產等，均有涉獵，也有

所得。照理該像許多企業名人第二代一樣，林芳寬應該也是從小過著優渥的千金小姐日子。

然而，當旁人問起林芳寬這該是成長歲月中最「顯要」的日子時，她卻瞇著眼想了好久、好久，等到她緩緩拿起桌上的茶杯，喝下口茶後，才以思索了好久的神情說道：「有嗎？其實，從小我從不覺得自己有什麼不同。如果真的要有，可能就是功課始終不大好吧！」

提起國中時，父親曾和顏悅色對她說，「能有一次成績單不要滿江紅嗎？」憶當時，林芳寬露出少女時期的靦腆，竟有些臉紅了。

這一段歲月，也就是國中時，每天坐父親的車上學，是林芳寬記憶中最溫暖的日子。「雖然只有短短幾十分鐘，可是一上車，父親總會關心我有沒有吃飽、有沒有穿暖。尤其是我從小飯就吃得慢，常常因為吃不完帶上車繼續吃，他會再三提醒我，慢慢吃，千萬不要噎著。」說到這，林芳寬低下頭，又是陣短暫的沉默。

嚴謹的態度

回首往事，現在幾乎是以馬不停蹄的速度往前的林芳寬，尤其在面對基金會運作過程中，大小事情的繁瑣，每一件，她都以做學問的心態去處理。24小時，她幾乎沒有停下來的時刻。

就以開啟亞斯伯格族群一連串的專案來說。接觸之前，她坦言僅在奧地利求學時，聽過老師提起，但並沒有放在心上。後來，在臺灣接觸時，她盡可能查遍所有可以找得到的書面資料外，也尋找這個領域的權威，包括自閉症相關領域的研究學者、專業醫生。

面對林芳寬的求教，希望提供幫助，他們大多持懷疑的態度，畢竟這些前輩都是耗費不知道多少歲月的心血和時間，有的，甚至是畢生所學。

「如何投入？如何提供幫助？」這是當時他們口頭上提出的質疑，沒有說出口的話是，年紀輕輕的，想要在這麼短的時間有所得，並能提供最適合的協助，如何辦到？

近乎否定的態度，沒有讓林芳寬打退堂鼓，相反地，她是以更堅定信念投入，「讓我更好奇，到底亞斯伯格族群是如何？」

宛如做學問般的執著與嚴謹，讓林芳寬在接掌基金會後，有太多她想要做的事，有太多她不瞭解，卻更想要做的事。因此，回首過去這件事，一般人習以為常的過程，林芳寬必須很認真地坐下來，好好思索。

「過去，真的從來沒有想過耶！」她說這話的時候，時間已近中午，桌上還端端正正擺放著她一早進來，準備好的麵包及一杯茶。

無怨的信任

忙碌的腳步一生相隨，事實上，從她有記憶以來，不管是她或是父母，就從沒停下來過。

林芳寬說，從小就覺得父母一直很忙，到底忙什麼？她沒去探究過，只知道跟著保母也是身兼管家的「阿姨」一起長大，這位來自遠房親戚的阿姨，照顧她吃食、照顧她的生活起居，包括睡覺都和阿姨在一起。

「喜歡這個阿姨嗎？」面對這個問題，林芳寬想一想，沒回答。不過她說，國中畢業後，她遠赴奧地利求學達16年，回國後第一個想見的，就是她。而且，她清楚記得小學吧，阿姨結婚必須離開，在婚禮上她大哭大鬧，不顧眾人眼光，就是緊抱著阿姨的腿，誰勸都沒用。

說起這一切，林芳寬依然是淡淡地笑著。

奇怪的是，與這樣的記憶重疊的是，阿姨對她非常嚴厲的管教。「小時候吃飯很慢，阿姨會嚴格督促我，並不准我挑食，只要是盛到飯碗裡

的食物，就要全都吃完。冬天，沒有背完書，即使時間再晚，也不能睡覺。」生活細節，每一樣都被嚴格要求，有時候，甚至會被體罰。

有沒有告訴父母？林芳寬搖搖頭，她說，根本沒想過這樣的問題，直到有一次回鄉下外婆家，洗澡的時候，被外婆發現身上有責打過的痕跡，當場心疼地掉下淚，並趕忙去詢問林芳寬父母。

關於體罰這件事，林芳寬笑著說，這就是僅有的記憶了。爾後，因為生活也沒什麼不同，阿姨對她的態度亦是始終如一。所以，關於這件事的發展到底如何，其實，她一點也不清楚。

不過，可以肯定的是，她從來沒有聽過、看過父母質問過阿姨任何事，而對話時也總是輕聲細語、和顏悅色。

「他們是相信她的吧！她總是為我好，從沒有因為個人情緒而遷怒於我，讓我做任何事，總是有道理。」經過很久以後，至今回想，林芳寬說，一臉篤定。

這樣的思維、這樣的做事方法，似乎也影響了林芳寬今日的行事作風。

專業的尊重

在基金會的運作過程中，曾幾度面臨重大的決定。其中，一次人員的更迭，因為舊有業務的結束，基金會面臨轉型，必須啟用新的人員，在考慮到成本、專才的運用，不得不辭退過去所有的員工。

「我知道執行長是位很重情的人，也瞭解那些員工對她的意義。但，基於整個基金會未來的發展，實在是不得不這樣做。」從民國102年擔任基金會主任的沈莉真緩緩說道。

雖然在這過程中，沈莉真盡可能地作了很多的分析，並根據數據資料、真實狀況做出處理，以求基金會日後更上層樓的發展。特別是在優退

人員方面，務求事事周全，並全方位地讓林芳寬瞭解此乃基金會不得不然的作法，但這項痛苦的決定，還是讓沈莉眞著實思索了許久。

而林芳寬深知沈莉眞的專業，也瞭解這一切的決定，都是爲了基金會的日後發展。因此，林芳寬雖然考慮了一段時間，但，最終還是從整體的考量做出人事調整的決策。

事實上，綜觀基金會的運作過程，不管在執行哪一個專案，所有合作的單位都忍不住大讚基金會的尊重專業，給他們很大的權限。

在寬心安頓的專案中，呂旭立基金會負責執行的諮商心理師黃柏嘉，在這一點上，他亦是非常感佩。

心理治療不比其他領域，容易量化，有明顯的成果，雖然也有一些，譬如憂鬱量表、簡氏健康量表、滿意量表等必備的量化分析，「可是一個人的精神狀況、心理狀態，牽涉的因素複雜，每一個階段亦有不同的呈現，如何達標達量這類一般社工輔導過程中常出現的字眼，眞的很難在寬心安頓中作個案呈現。」他說，後來就是透過書寫個案故事來表現。

他笑道，「這應該也算是基金會的創舉吧！」話雖如此，背後凸顯的意義，十足是基金會的專業信任與支持。

在募書專案中，基金會董事李映慧亦是笑道，因爲她個人對書的極度愛好，與專業的認知，每次挑書、募書的過程，基金會都給予極大的信任度。「從不問我爲什麼要挑這些書，爲什麼要這麼做。」

認真的執著

談起認眞與執著，林芳寬第一個想到的就是父親，老人家每天夜半深思，靜心籌劃工作上難解的問題。這樣的習慣，數十年如一日，長大後問父親，他總淡淡說道，「那時候，頭腦比較清楚，尤其是需要做出決定

時。」

短短的一句話，背後的含意卻是深遠。大凡做大事者，情緒若有任何的波動，影響的不只是身旁周圍的人，還有做錯決定必須處理的善後，正所謂牽一髮而動全身。

不僅如此，為了澄澈的思慮、周全的規劃，林昭元隨身都會攜帶一本小冊子，隨時翻閱，便於做紀錄，也是提醒自己。這樣的習慣，亦是林芳寬從小看到大，「已經累積了不知道有多少本了吧，裡面的字跡密密麻麻的。」提及此，她的眼裡像是浮現父親從口袋中掏出小本子，隨身記錄的模樣，久久不發一語。

「從奧地利回來後，尤其是他生病的那段日子，我們的關係變得非常緊密，也常常聊起很多事，對父親也才有更多的認識。」沉默半晌後，她娓娓說出心裡的話。

在林芳寬小時候，她印象中，父親在員工面前總是繃著臉，看起來嚴肅。不管是在工廠或是公司，員工一聽到老闆要來，總是馬上露出戰戰兢兢的模樣，連原先本來在開玩笑的歡樂話語，也會瞬間收起，鴉雀無聲，每個人都會迅速回到自己的工作崗位。

「很奇怪……我也從沒看過父親發脾氣呀，可是就是會如此。」她笑著搖搖頭。話鋒一轉，回到自己當年看到父親，好像也會出現類似的反應，她嘆息道。

小學時，曾有段長達數年的時間，林昭元因為腳的關係，必須靠游泳復健，每天凌晨四、五點就會起床去游泳。「我也會被叫醒，要跟著一起去。」每遇冷冬，被窩又溫暖，好想賴床，但林芳寬說她也不敢對父親撒嬌，總還是乖乖爬起出門。

「或許是當時太小了吧！也不懂得說不。」她低頭訕笑。

林昭元的認真與執著，處理事情的態度，在在影響著林芳寬。一直到

現在，基金會的工作繁瑣，每天要處理的事情總是多如牛毛，但，林芳寬依然能安然以對，細細釐清，一件一件安置妥當。

每當旁人看她，像是只陀螺般，永遠沒有停下來的時刻，林芳寬總淡淡笑道，回問，「有嗎？」掛在脣角的微笑，始終沒有消散。

行善的感動

在述說往事的過程中，林芳寬常無意識地進入過去的時光隧道裡。出國前，她對父親的印象是殘缺且片段的，最深的回憶，是父親很忙，再深究，那猶如吉光片羽的畫面閃過時，就會一幕幕牽動著林芳寬的心緒。

很多事，都像是在潛移默化中，淺淺地、淡淡地，最後卻深入她的靈魂深處，內化成她生命中的一部分，成就今日的她。

林昭元行善的事蹟，開啟得很早，在他事業有成之際，就不忘常常返鄉照顧鄉親，建設社區活動中心，為新港國小建造禮堂，成立新港國小教育基金會。並因為喜愛音樂，總是不吝捐贈各類樂器，推動音樂發展，一直到現在，他依然是許多人眼中鮮活、樂善好施的林爺爺。他出資興建的「寶壇館」堅固如昔，為了照顧銀髮族，設立的大潭村「昭元食堂」，如今還在持續性地協助解決很多老人家的吃食。

這些善事、善念，在林芳寬出國前，即偶爾會出現在她的生命裡。「假日有空的時候，我有時會跟著父母去地方探望弱勢，照顧長輩。」但這些記憶，也彷如她生命中的一環，從不覺得有何特殊之處。

回國後，經歷了親人遠去的變故，剛開始，深深的悲痛重創了她，卻也彷彿讓她有種真正找到人生方向的確定與真實感。她從照顧者的身分，瞭解到照顧者所承受的壓力，需要壓力紓解與支持互助的需求。因此，日後在基金會執行的專案，都能從各種角度為個案設身處地著想，尤其是在

支持性的專案上，都能從同情、同理心中，以照顧者的支持者角度，引導照顧者情緒的宣洩、瞭解及同理的感覺，這些內心深處對生命價值的觸動，從自我探索中增加能量，進而達到身心靈的成長。這也是基金會在專案活動上，讓參與者與贊助者深受感動而回饋基金會，成為基金會的支持力量。

「我記得，父親的身體一向很好，在知道罹癌的時候，他也很清楚自己的生命僅剩不到一年而已。他的震撼和悲痛，我沒有看到，只是後來聽父親告訴我，他以三天的時間去整理自己情緒，然後規劃接下來要做的事。」

點點滴滴，直到今日，林芳寬再次重塑過去的時光，她發現，記憶中的父親早已從成功的事業家轉變成慈善家。後來的員工再見到這位過去嚴肅的老闆，總是不覺語音放軟，嘆息道，他是位好人，真正的好人。

與林昭元相識達幾十年的林芳瑾基金會現任董事長程恕人也衷心說道，他從沒看過像他這樣的好人，真正的與人為善……。

Cotents

Chapter 5 散播光與熱──專案略述

Chapter _____ One

認識創辦人

知足、感恩、善解、包容
——林昭元以慈濟四神湯惕勵自我

林芳瑾基金會創辦人之一林昭元先生。

民國19年，財團法人臺北市林芳瑾社會福利慈善事業基金會創辦人林昭元，誕生於純樸的嘉義縣新港鄉，他自幼在家鄉成長、求學，一路走來始終不敢有絲毫的懈怠。民國38年從嘉義縣高工建築科畢業後，即進入臺灣省政府建設廳擔任基層工程人員，負責自來水廠的工程。期間，因為表現傑出，曾獲當時省府主席嚴家淦獎賞，爾後，更晉升為建設廳測量設計隊隊長。

民國44年與游梅女士締結連理，育有3女1男。夫妻同甘共苦胼手胝足，相互扶持為家庭、事業盡心盡力。

綜觀其一生，始終勤勉自持，在事業有成之際，亦努力更上層樓，於民國76年在日本近畿大學法學部完成深造，學有專長。

民國102年1月17日，林創辦人在他精彩且豐富的人生中，雖然劃下了一個令人遺憾的休止符，但其「凡事把握當下，做就對了」的座右銘，一生秉持「己立立人，己達達人」的精神，卻深深影響著許多人。

尤其是林創辦人常以「縮小自己，退一步海闊天空」自勉，時時以證嚴上人的四神湯「知足、感恩、善解、包容」惕勵自我的堅定意念，令人無限緬懷。他溫柔敦厚、樸實慈愛、心存善念、造就社會愛與善的循環，其人生哲理「人生因利他而豐富，慧命因自覺而成長」至今，仍持續地將這份愛與善，散播到各個角落，永不止息。

事業耕耘，創建優良口碑

1976：8

林昭元創辦人出資改建新港國小禮堂。學校為紀念其父親，命名為「寶壇館」，63年全家人於落成典禮時合影。

林創辦人（中）於北區扶輪社成立親恩基金，獎助優秀學生。

林創辦人（左2）與蕭萬長前副總統伉儷（左3、4）於三芝生態農場合影。

　　因著一份愛，在北部奮鬥有成的林創辦人，不僅將嘉義新港的老人家接來北部，為使父親能盡快融入在地生活，特別貸款，在板橋附近耗資購地，讓父親養殖鰻魚、種植蔬果，享受猶如家鄉的農家之樂，在子孫相伴中，安度晚年。

　　不料，一場颱風造成養鰻場嚴重毀損，經濟的重創，頓使林創辦人深陷低潮。但，危機正是轉機，他沒有因此而失意，相反地，他以逆向思考的方式，毅然決然辭去公職，全心投入另一個事業的耕耘。

　　基於專業背景，他將養鰻場改建成勞工住宅，並平價售予低收入戶。由於他每天親臨工地監督施工，建造出來的品質良好，甚得客戶讚賞，因此奠定下深厚的基礎，在建築業累積了豐沛的發展能量。之後，他又投入藝術陶瓷的生產與外銷產業，包括投資自動免削鉛筆的產銷、不鏽鋼產業，經營石材加工及工程施作等30餘年。

由於傑出的表現，優良的口碑，乃致民國87年外交部特別安排諾魯共和國總統克婁篤瑪閣下暨夫人蒞臨新店工廠參觀訪問，可見企業經營理念與品質，深獲政府與業界肯定，建立卓越品牌。

社會服務，無私無怨無悔

回饋鄉里

事業有成之際，林創辦人不時回饋鄉里，在成長的家鄉大潭村提出前瞻性的「椰子村計畫」，發送村民們椰子樹苗栽種，改善村民生活。每棵椰子樹收割後，捐出2棵椰子，銷售所得並幫助需要協助的村民，成為「以善養善」的循環。

對於母校——新港國小的培育之恩，他更是時時不敢或忘，民國62年出資改建禮堂，學校為紀念林創辦人父親，命名為「寶壇館」。

不過，最令人印象深刻的是，當初因為林創辦人將資金挪

大潭村椰子樹計畫。

去建「寶壇館」，原訂的工程進度，新的建案開發因此順延。不意，卻剛好爆發石油危機，重創世界經濟，景氣下滑導致很多產業受到嚴重影響，尤其是房地產。一個善念，讓林創辦人剛好避開此次所可能產生的損失，「有捨就有得」。事後，他常因此而有所感慨。

培育人才

林創辦人極為重視教育及人才培育計畫，民國75年提倡母校成立「財團法人嘉義高工校友會獎助學金基金會」；民國68年提議「台北北區扶輪社」成立「親

林創辦人（右2）任職發明人協會理事長期間，於參展中與嚴家淦副總統（左2）合影。

恩基金」，為大專院校學子提供獎學金；民國86年創立「財團法人新港國小文教基金會」（104年更名為「財團法人新港國小林昭元教育基金會」）。一路走來，他慷慨捐獻嘉惠許多學子，誠所謂：施比受更有福。

他亦堅持，活到老學到老的理念。民國95年，林創辦人捐獻財團法人新港文教基金會，並加入新港地區仕紳組成的讀書會。他的參與使之生氣盎然，並讓所有

成員更珍惜與這位長者共同成長的時光。

除此之外，林創辦人更自民國64年至76年擔任台灣省發明人協會理事長，多次率領發明人代表團前往瑞士日內瓦、德國紐倫堡及比利時布魯塞爾等國際性發明展覽，積極參與展覽和競賽，每次都獲得輝煌成果，不僅提高臺灣在國際間的能見度，國內外報章、電視皆有深入報導，更創辦《發明企業雜誌》雙月刊。前後8

年，倡導發明創新的風氣，不遺餘力。

社會福利

終其一生，林創辦人更是「取之於社會，用之於社會」的最佳實踐者，推展社會福利工作始終不遺餘力。參與「財團法人台灣省盲人重建院」30餘年，並曾於民國93年至96年間擔任該單位董事長，為盲胞福祉，盡其所能貢獻一己心力。

民國75年林創辦人夫婦與慈濟結緣，全家投入國內外賑災行列，成為慈濟大愛精神的護持者。民國95年因長女芳瑾的遺願而創立「財團法人臺北市林芳瑾社會福利慈善事業基金會」，提供社會弱勢族群之急難救助、居家老人照顧服務。

另方面，林創辦人也積極參與台北市嘉義同鄉會、林姓宗親總會、台北市國際工商經營研究社。數十年時間的默默付出，樂於提攜後輩，至今仍讓無數人感佩、緬懷。

（本文資料來源：嘉義鄉親及家屬口述、相關書文摘錄）

Chapter _____ Two

創辦人的話

以善為因緣，成就世間事

(林聲攝影)

Chapter 2

林游梅創辦人（前排右2）於麗山高中舉辦的新書發表與圓夢分享活動，和與會來賓合影。

在基金會已屆臨十週年，即將邁向下一個發展階段時，回顧這一路走來的過程，雖然有時也會有不順心的事情發生，但我想，以善為念的本心始終都在，並不妨礙。相反地，卻因為這些波折，讓基金會成長，讓我們所有的人都成長了，並且，讓大家的感情更好，更知道做事的方法，這才是最重要的。

而且，在我這個老人家眼中，今日基金會算是走出了自己的路，也算是在這十週年的時刻，做出了一點點小小的成績，對社會做出貢獻。

當然，我們不敢完全居功。在這過程中，基金會只是起一個頭，做了一個統整的功夫。把所有可幫助的、服務的能量都聚集起來，然後讓這些人各自發揮力量，幫助了長久以來隱藏在社會角落上，卻始終被忽視的弱勢族群。

十年，不管是對人或是事情，都是一個很重要的發展時間

長度。基金會能做到目前的小小成績，誠如我之前所說的，都得感謝這一路走來很多人的幫助。因此這本專書的出版，一方面當然紀念、記錄基金會這十年來的重要點滴，更要緊的是，感謝曾經幫助過我們的人。

每一個專案、每一次的計畫，不管是對負責的單位或人來說，其實都是他們付出很多心血的過程。這是所有基金會的成員，都懷著深深的感謝來看待，尤其是芳寬和我。

只是，很遺憾的是，書的內容有限。誠如我們每次在幫助需要幫助的人時，必須掌握有限的資源，作最大發揮的道理是一樣

兩位創辦人（前後排左1）參加慈濟海外行善活動。

的；每一個人、每一次的事件，固然重要，但絕不可能毫無止境地提供服務。書的撰寫，自然也不可能完完全全照顧到每一個人的心意，這點必須請所有曾經協助過我們的人諒解、包容。

其實，以善為念，是最為要緊的。就像這本書的出版，目的是為了基金會這十年來，非常不容易的歷程，記錄它的點滴故事，希望能藉此將愛散播到更多的地方，進而影響更多人奉獻心力，發揮大愛的精神。因此，很多時候、很多細節，無法照顧到，我想，就只能請大家以善為念，用愛包容。

（※本文為創辦人之一、林昭元妻子林游梅的話）

林游梅創辦人（前排右3）與本會人員，參加臺大兒童醫院兒少保護醫療中心的揭牌儀式。

Chapter _____ Three

舵手畫像

一句話，全力支持
——負責、信任、專業的基金會董事長程恕人

（林聲攝影）

103年6月，程恕人董事長（右）於麗山高中新書發表與圓夢分享活動，和時任麗山高中、現任建國中學的徐建國校長贈書合影。

　　時光回溯到十幾年前，當程恕人出任臺北市嘉義同鄉會理事，而林昭元擔任理事長之際，那一刻的緣分，竟是開啟了程恕人日後成為「財團法人臺北市林芳瑾社會福利慈善事業基金會」董事長的緣由，亦是讓他由一位教育工作者跨足到慈善領域的重要關鍵。而基金會也因此更加堅定在「教育、關懷、希望」的理念中扎根，一步步擴展，提供服務給需要幫助者，協助貧困家庭及弱勢兒童的生活照顧、教育提升等範疇。

　　提起這一切，曾在臺北市私立南華高中擔任校長，身兼財團法人新港國小教育基金會董事、財團法人日盛教育基金會董事、建國中學校友會文教基金會董事的程恕人，緩緩說道，和林昭元

的同鄉之誼，讓他深深瞭解基金會的成立初衷，即是奠定在小愛化為大愛的重要過程。

「是為了紀念女兒對生命的熱忱以及對社會的愛，因此，從基金會成立之初，多年來即深耕於慈善救助的領域中，希望能把愛散播出去，留給社會上弱勢的族群。」

程恕人感動地說，林昭元的一片心意，其實不只是小愛化大愛的過程，歸根究柢還是他最初行善的本質。早年在嘉義新港，他即已耳聞林昭元的眾多行善事蹟，直到民國95年基金會成立，他受到委託，出任基金會董事。

104年林芳瑾基金會贊助臺北市政府溫馨年菜活動，程董事長（右）與柯文哲市長合影。

104年協辦華科基金會聽益路跑活動，程董事長（右2）與參賽選手一起做熱身操。

以教育為本，
運用自身專業做協助

「運用自身的專業，在教育界多年的服務過程。」程恕人強調，人與人之間善的連結，作最大能量的發揮，是他擔任基金會董事期間對自己的期許。也是在善的根源中，期盼基金會能一步步擴展服務能量，將愛散播到更多需要幫助的人身上，更多社會所忽視的角落。

只是，對於這一切，他總是話說得謙虛。每當有人問起程恕人，他在基金會中所擔任的「工作」時，他總笑說，「那是一份志工，就是必要的時候出來為同仁打氣，上臺致詞而已。」輕鬆爽朗的態度，一如基金會給人的印象，和諧的氣氛，總是待人以誠的態度，但做起事來，卻是一點也不馬虎，反而是一貫的負責、信任與專業。

民國103年6月6日在麗山高中舉辦的「讓愛繼續滾下去」的

活動，連結多個單位，造成的迴響亦是空前。財團法人臺北市自閉兒社會福利基金會執行長柯白姍說，「基金會的貼心讓我很感動。剛剛聽到子期一開口的幾句話，『我第一次聽到人生當中還有爸爸、媽媽這樣的事情……』就想到資料袋裡面有面紙，他們很貼心地把該設想的東西都放在裡面了。」過程中，曾積極參與的臺北市自閉症家長協會陳金燕理事長也表示非常的感動。

殊不知，當初這項結合亞斯伯格族群以及小腦萎縮症林子期的重要活動，因為規模盛大，動員的單位及人力都很多，如果不是程恕人及基金會同仁四處奔走，並透過他的人脈提供協助，事實上，很可能就沒有大家印象

中的這項感人活動了。

程恕人謙虛強調，其實在林昭元過去的努力下，基金會早已累積很多善緣，並一路向「善」發展。現在，更積極在「教育、關懷、希望」三項理念中，提供服務給需要幫助的對象。「而自身的專業在教育，自然就是可以有更好、更妥適的發揮。」程恕人表示。

全心發展多元慈善活動、社會救助與慈善方案

「當然，在急難救助的領域中，基金會也有很好的發揮。沒有特定的對象，只要有需要，確實需要幫助，經過基金會派人訪視、評估，我們也會伸出援手。」程恕人並進一步舉例說道，譬如位在新竹的好生育幼院。

「有一次，經過颱風摧殘，我剛好去那看到，回來告訴基金會，他們動作也很快，馬上派人

過去協助。」程恕人強調，基金會有專業的評估，又有滿腔的熱誠，他向來非常放心基金會的一切做事方法，與提供的服務。

102年辦理身障弱勢家庭親子活動，程董事長（左）帶領全體活動人員參觀「巧克力共和國」，與宏亞食品股份有限公司張豪城董事長合影並致贈感謝狀。

「只要一句話，我就是全力支持。」程恕人笑道。

這句全力支持，在102年林昭元過世後，程恕人接下基金會董事長的那一刻起，即是他口中責無旁貸的責任和義務。全力推展在教育領域中的扎根，從亞斯伯格、雅樂舞到和臺大兒童醫院合作，一連串的專案計畫，即是著

眼於教育才是社會、國家發展過程中的根本，並藉此培育更多的人才，協助照顧弱勢族群，進一步發展多元的慈善活動、社會救助與慈善方案。

「只要每一次有專案或活動，我定會排除萬難出席、全力參與！」他強調，在可預見的未來，即便有少子化的趨勢，弱勢兒童問題及需求仍然不會因此減少，緊急危難的事件也不會就此降低。「近貧家庭及弱勢兒童的生活照顧、教育提升等議題，還有其他弱勢族群，都會是我們持續關注的重點，也期望能善盡更多的社會責任。」

善用企業資源，
擴展更多的服務能量

因此，擴展基金會的發展能量，幫助更多需要幫助的人或單位，是程恕人以為下一階段基金會必須歷經的「考驗」。為什麼這麼說？他分析道，在基金會踏

入十周年之際，猶如企業已跳脫「創業維艱」的過程，累積的豐沛能量已有一定的規模，必須邁向下一個永續經營的發展階段。

「過去，基金會仰賴林昭元先生所累積的資產，透過詳細的財務規劃、運用，基金會可不透過募款即能發展。可是未來，在邁向下一個十年之際，服務的能量更大，協助的人更多，必須考量到募款的問題。因此，在董事的組成部分，必須納入更多的企業家。」程恕人強調，在基金會的發展過程中，五位董事，包括他，有兩位具教育背景，其他則是企業家。但，到了下一個發展階段，為了凝聚更多的服務能量，協助更多的人或單位，企業的支持自是不可或缺。

「這是必須要考慮，對基金會長遠的規劃方向。」他再次強調。

總之，在社會關懷、回饋社會、扶助弱勢的發展主軸中，不管是過去或未來，基金會將會持

103年林游梅創辦人（前排左3）與程董事長（前排右2）與林芳瑾基金會工作人員，前往嘉義縣新港國小參觀，由沈淑貞校長（前排左2）、陳政鴻董事長（前排右1）接待，並於基金會捐贈的圖書館藏書櫃前合影。

續努力，並從發現問題，到藉由贊助與辦理活動而引起議題，然後引發社會關注與行動，讓弱勢族群更受到重視。對於這一切，程恕人笑說，這一路走來，他親眼看到基金會的努力，展現很不一樣的服務精神。未來，希望能導入更多的發展能量與資源，尤其是企業界，以造福更多需要幫助的弱勢族群。

林芳瑾 老師

Chapter —————— Four

林芳瑾女士生平事略

無盡的愛與溫柔

幸福童年

　　林芳瑾女士，
臺灣嘉義縣人，生於
民國45年10月30日，
生長於充滿和樂溫馨
氣氛的家庭，是家中
大姊，下有一個弟弟
兩個妹妹，幼時父親
任職省府建設廳，居
住於臺北市建國南路
221號職員宿舍。幼
時父母親都上班，請
了保母照顧，每當她
哭泣，保母就用家中
手搖式留聲機播放音
樂，音樂響起她就不
哭，這是接觸音樂的
開始。

林芳瑾女士（左）求學時期與同學合影。

　　童年曾與外公外
婆居住，是第一個外孫女，集阿
姨舅舅們的寵愛於一身，讀臺北
市東門國小一年級時加入榮星兒
童合唱團，開啟對歌唱的終生喜
愛。這時外婆家隔壁住著師大音
樂系學生方鳳珠，經常到方家聆
聽琴聲，二年級正式由方老師啟
蒙學琴，父親回憶她練琴都是自
動自發不必督促。四年級時（民
國56年）父母親合力存了半年薪

水，買了價值一萬四千元的山葉二手鋼琴給她，當時父親一個月薪水才一千多元。

國一時與父母同住於現板橋埔墘地區，那是父親創業的第一個起點，此階段跟隨張大勝教授學習，國三參加甄選表現優異，獲得赴韓國演奏的機會，回國後卻因勞累引發急性肝炎住進馬偕醫院，出院後課業落後太多，必須另請家教，每日由父親接送至各個老師家補習。

求學歷程

國中畢業參加聯考，雖考上北一女中夜間部，熱愛音樂的她還是決定報考國立藝專，父親描述當年陪考情形：母親陪她在車內等候考試，輕輕搖扇讓她睡覺

林芳瑾女士（彈琴者）與合唱團在78年於聖家堂演出。

林芳瑾女士（左）於74年時擔任台南國際音樂營的講師。

休息，父親則負責隨時注意考試進度，不讓她聽到琴聲以免過度緊張。考試完畢，父親覺得很滿意，她卻抱著父親大哭，因為漏了樂段沒彈到。雖有此瑕疵其音樂性還是受到評審青睞，認為她將是演奏的可造之才，給予極高的分數，以第一名錄取。

國立藝專求學期間，追隨過的老師有：已故戴逢祈教授及陳盤安、王羽修、許明馨等教授。畢業後通過留學考試，負笈國外求學。並於68年參加奧地利薩爾茲堡國際音樂營，接受Prof. Monique Haas指導。

69年赴奧地利及德國國立音樂大學攻讀。由於在音樂領域中有多方興趣，先後於71年畢業於薩爾茲堡國立音樂大學奧福（Orff）兒童音樂教育研究所；73年以優異

成績畢業於同校鋼琴教育系，受教
於Prof. Brian Lamport；75年畢業於德國
伍茲堡國立音樂大學鋼琴演奏系，
隨同已故Prof. Kirsti Hjort學習，在校
期間多次參加音樂會演出，深獲好
評及教授器重。並於73~76年在薩爾
茲堡開始修習合唱指揮，師事已故
Prof. Kurt Prestel和Prof. Hagen-Groll，以
及藝術歌曲伴奏（75~76年）受教於
Prof. Rainmund See。

教學生涯

　　教學生涯始於民國66~68年
間，於臺北福星國小、臺中光復
國小、雙十國中教授視唱聽寫、
鋼琴等課。76年8月決定回國服
務，擔任東海大學音樂系聖樂合
唱團指揮及臺北中正高中鋼琴教
師、仁仁音樂教育中心教學顧
問。79年起專職於臺南家專音樂
科（現臺南應用科技大學），開
設「兒童音樂教育概論」、「伴
奏」、「音樂律動」及「鋼琴」
等課。84~85年擔任高雄師範大學

林芳瑾女士（左）與已故知名國際合唱指揮家
洪綺玲摯友合影。

進修部「音樂教育」及花蓮師範
學院「直笛」、「音樂教材教學
法」課程，87年3月起兼任國立
臺北師院講師，教授「鋼琴」及
「音樂」課程。

　　81~86年任課之餘同時投入
校外指導教學，貢獻本身的音樂
專業，分赴臺北縣、屏東縣、高
雄市、臺南縣、花蓮、霧峰等地
及中華奧福教育協會全省巡迴講
座，課程內容極為廣泛：「歌唱
舞蹈」、「唱遊科教學」、「奧
福教學法」、「伴奏課程」、
「音樂動作節奏與指揮的遊
戲」、「直笛合奏教學」等都是
其授課範圍。

音樂人生

教學之外，伴奏、翻譯、研習營等許多音樂活動皆有她的身影，曾任實驗合唱團伴奏巡迴演出，爲陳榮光、陳麗香、馬筱華、鄭仁榮幾位音樂家演唱會伴奏，也爲張義鷹、游昌發作品發表會演出。深受音樂人敬重的唐鎭教授，每場獨唱會幾乎都由她伴奏，兩人合作無間、默契十足。

由於精通德、英文，78~87年間國內外奧福教學、合唱指揮、直笛教學、達克羅茲教學法等多場音樂研習，都分別獲邀擔任翻譯。中文譯作有《認識卡爾‧奧福的一生》、直笛教材《三個好朋友》。發表〈藝術教育對孩子的重要〉一文於仁仁音樂教育季刊，國語日報加以轉載刊登。

奧地利薩爾茲堡奧福教學研習、美國舊金山聖名音樂院柯大宜教學研習、美國匹茲堡卡內基‧美隆大學達克羅茲教學研習、德國布格豪森市木笛合奏研習、瑞士日內瓦達克羅茲國際研討會，這些國家都有她的足跡，不斷吸收新知熱愛學習，充實了她的教學，豐富了她的人生。

慈濟志業

深受父母親影響，民國79年加入慈濟成爲大家庭中的一員，發揮音樂上的專業爲委員合唱團伴奏，80年10月並隨團赴美國、日本爲募款及美國分會喬遷演唱伴奏。85年6月14日證嚴上人第一百場幸福人生講座於板橋縣立體育館舉行，當晚有兩萬多位聽眾參加，委員合唱團獻唱時即是她伴奏。87年10月18日參加在新舞臺爲新店醫院的募款演出，大愛電視台特別爲此活動作採訪錄製專輯。

92年間帶領初成立的慈濟內湖社區合唱團，每周六上午練唱，團員四十多位，不分年齡程度，在她用心指導下，勇奪「慈

林芳瑾女士（左1）於85年在慈濟30週年慶時，於花蓮靜思堂與父母合影。

濟歌全球唱」分組第一名，她希望藉由合唱的方便法門，引進更多社區民眾。

94年10月份開始到新店慈濟醫院擔任音樂志工，在大廳為民眾彈琴，撫慰因生病而受苦的心靈。94年農曆年前參加傳妙法師邀請委員合唱團至福嚴精舍（即印順上人道場）演出，此時已感身體不適，但仍勉力完成工作。

最後旅程

農曆年前後，因腹部疼痛求助多位醫師，皆無法改善症狀，後經慈濟陳師姊提醒檢查胰臟部分，歷經多次檢查確定為胰臟癌，消息傳來令人無法接受，但她秉持一貫溫柔敦厚的性情，勇敢接受事實，積極尋求醫療協助。3月3日赴臺大醫院接受開刀治療，長達九小時的手術時間，

慈濟合唱團員全程陪伴在九樓佛堂唸頌大悲咒，此情此景令人感動。

生病期間家人的陪伴是最大的精神安慰。弟弟陞顯聯絡各項醫療資源，務必尋求最好的照顧方式；大妹薈華從加拿大兼程趕回，病床邊日日夜夜的守候；小妹芳寬從檢查開始便無微不至、付出全部心力仔細照料，姊妹情深可見一斑。從小看她長大的金箸表姊，像母親般懂得她的心、她的病痛耐心地呵護著；乾妹姿霖長期陪伴貼心看顧，情深義重。

同修蘇奇峰先生結束大陸工作，回臺專心照顧，不管在醫院或居家調養，都見其盡心盡力、全力以赴。平日廣結善緣的她，病中來自各方的祝福不斷，在家人、眾多朋友的關懷下，色身雖受極大的苦，但她懷抱感恩的心珍惜著與家人、朋友最後的相聚，這些溫暖與支持讓她感到極為幸福、無法言喻。

大愛精神

摯愛的父母親，是她生命的動力與泉源，才華洋溢來自於父母的栽培，善良質樸來自於父母的陶冶，踏實謙恭來自於父母的教導，福氣綿綿更是來自於父母的恩澤。孝順的她，病中心之所繫，當是萬萬捨不下愛她的雙親，面對女兒的病痛與即將離去，父母親也有難以割捨的心境，如何將這份愛轉化昇華為無私的奉獻，父母親與她做了慎重的討論。

共同決定在她生前將財產捐出，成立了「財團法人臺北市林芳瑾社會福利慈善事業基金會」，希望能夠延續愛心，幫助更多的弱勢團體。身為慈濟人領受上人教誨，她具備了大愛精神，往生後將大體提供病理研究遺愛人間，人生旅程雖已結束，精神卻永遠長存，家人朋友雖不捨她的離去，也願以祝福的心來歡送她。

　　一生充滿歡喜、愛與溫柔，
她留給我們無盡的思念。
　　（※本文由林芳瑾基金會董
事李映慧整理執筆）

79年於台北北區扶輪社慶祝母親節活動中，林芳瑾女士（臺上著黑衣禮服）率領合唱團演出。

散播光與熱

專案略述

(林聲攝影)

林芳瑾基金會林芳寬執行長。（林聲攝影）

1.

找出急難救助關鍵所在

——沒有資源浪費，送愛送到心坎裡

 急難救助專案（民國95年~）

提供的協助，必須是對方真正需要的；訪視，是件非常重要的過程，也是基金會長久以來堅持的原則。

為了確實照顧弱勢族群，做到資源的有效分配，政府設立了一些標準和門檻。然而每個人的情況不同，牽涉的因素也很複雜，譬如只要名下有資產，哪怕是繼承的土地，其實位在不適合人居住的地方，或是太多人持有，根本無法分割住人，就無法符合中低收入戶的資格，無法取得補助。

在這樣的情況下，有些弱勢確實需要幫助。或者，有符合政府補助的資格，但他所需要的卻是社福單位無法提供的，譬如人力的協助、心理的諮商輔導等等，基金會都會提供協助。

其實，更重要的理念是，提供的幫助，是對方真正需要的。

幫助，是對方真正要的

「是個案真正的需求！」林芳瑾基金會執行長林芳寬強調。在多次經驗中，她發現很多人都有善念，也很想要行善。問題是，提供的幫助常常不是個案真正的需求。她並舉募書為例。

在基金會剛開始運作時，對外才說要募書，很多書籍馬上從各地蜂擁而至。只是，明明已說好要童書，卻是漫畫、雜誌、電腦書夾雜其中不說，殘破的、缺頁的、毀損的、髒汙不堪的更不在少數。基金會董事李映慧即坦

言，募書過程中，最辛苦的莫過於，要把別人好心捐贈過來的書過濾、篩選。

「可能一次就淘汰掉一半以上的數量。」這樣的過程，不僅是體力上的付出，必須耗費很多時間。更重要的是，有種辜負捐贈人心意的慨嘆與不捨。

只是，如果不先過濾，就像是蒙著眼把書送出去，對收到書的人而言，又會是何種心境？「要送東西給人，就要考慮到對方的心情，不能給人施捨的感覺。如何提供幫助，時機、方法都很重要。」李映慧一語點中行善的關鍵。

考慮到受贈者的心態，其實，一直也是基金會做任何事情時，一定會

基金會辦理社區關懷活動，照顧弱勢族群。

考慮到的重點。相同的，應用在急難救助中，也是秉持同樣的理念。幫助需要幫助的人之外，提供的幫助，也會因他的需要而有所不同，考慮到對方的心情及接受的方式。

堅持訪視，確定狀況

想要做到提供的協助，是對方真正需要的，訪視，是件非常重要的過程，也是基金會長久以來堅持的原則。

在訪視的過程中，難免會遇到一些常人比較不容易面對的狀況。基金會主任沈莉真說，家暴的個案，可能就會遇到拳打腳踢，甚至當事人拿刀出來，她強調，這時候專業的訓練與認知就很重要。「當然，在進門前，要先根據周遭的狀況做判斷，有無危險性，有無其他家人在場，要不要先坐在距離門口最近的位置。」

「有時候到一些弱勢老人的地方，可能就是到處堆滿了雜物，異味叢生。但重要的是釐清對方的狀況，評估他的需求，這些都很重要。」沈莉真說，訪視的重要，除了可判斷當事者的情況外，還能清楚列出對方最需要的資源。

「以尿布來說。有的孩子確實會對某些尿布過敏，如果沒有調查清楚，貿然提供，那對受贈者而言，豈不是讓他為難，到底要不要接受。」

基金會支援物資至台東救星教養院。

嘆口氣，沈莉眞無奈說道。

在基金會，每一個個案，都要先經過訪視，過程的勞心勞力自是無庸置疑。因此，基金會在對外徵選社工人員時，專業知識雖然是必備條件，對人的熱誠，更是重要。「每次找人進來，我都要花很長的時間和對方溝通，從中午說到晚上是常有的事。」沈莉眞笑道。

饒是如此，因爲是眞心的付出，不管是對基金會而言，或是需要協助的對象來說，那種眞心，讓相互之間成爲一種比朋友還要親近的關係，也因此成就基金會最與眾不同的溫暖文化。

盡量做更多，擴大資源辦活動

基金會除了發揮慈善的救濟精神，提供救助給陷入緊急狀況的個人或家庭，重回正常生活軌道外，視個案的需求規劃救助方案，譬如救助金、物資，還會量身打造規劃活動，以引發更多關注。

以民國104年在內湖舉辦的夜光盃籃球比賽來說，原先是規劃，單純爲了社區國、高中生所舉辦的活動，讓他們有一個健康的項目可以共同參與。當時是舉辦活動的第二年，即使參與的社福單位、機構也頗多，也僅是延續前一年的基調，猶如例行活動的辦理方式，未做太多變化。未料，在當年度相關的參與單位中，有人認識基金會，一開始只是提出簡單的攝

影人力需求，希望
基金會有人可以提
供協助，結果，在
基金會的積極「配
合」、主動「籌
劃」中，卻意外引
發熱烈的迴響。

除了有臺北市
立麗山國民中學、
臺北市學生輔導諮
商中心、臺北市政

基金會助學金專案補助，協助弱勢家庭學生能專心求學，達到更好的學
習成果。

府社會局內湖社會福利服務中心、臺北市東區少年服務中心（臺北市社會
局委託張老師基金會辦理）及臺北市政府警察局少年警察隊內湖少輔組
等，上一次就已經參與協辦單位一起通力合作外，並延續公益市集攤位的
規劃，基金會還提出建議由林子期擔任活動嘉賓，並以「2015年環島勵志
之旅──擁抱笨小孩，擁抱愛」擴大活動規模及慈善主題。

「不同資源的鏈結，主要議題的強烈訴求，讓這次的活動吸引了很多
人的參加。」沈莉真帶著滿心的微笑強調，透過這次的拋磚引玉，希望以
後能為地方的慈善工作發展獲得更多的贊助與支持。

當時，內湖夜光盃3對3公益慈善籃球賽，在麗山國中籃球場熱鬧開打
後，由於主辦單位的用心宣傳，不僅吸引70支隊伍報名參加，並有協辦單
位主動連結教會等相關資源，邀請民歌手王瑞瑜先生、CS晨悠二人組的現
場演唱，以及前體育主播傅達仁帶領籃球隊進行花式籃球表演。林子期的
參與，更讓大家正視到小腦萎縮的議題，讓愛除了繼續滾動，還要不斷蔓
延，感動更多人投注在社會慈善的這股力量中。

林芳瑾基金會李映慧董事。　（林聲攝影）

2.

募書，是教育而不是救濟！
——有效捐書救活下一代

募書專案（民國97~100年）

既然要募書，就要提供適合對方需求的書，讓他們可以充分運用，進入書香世界，甚至透過書的力量，改變他們的生命。

財團法人臺北市林芳瑾社會福利慈善事業基金會尚未成立之前，即因著一股善念，在毫無經驗的情況下，全心投入募書活動。基於募書是教育而不是救濟的想法，他們有別於一般坊間作法，不只將書分門別類，更重要的是將書當作是「禮物」。捐贈前，先詳細詢問對方需求與對書的期望，然後募書。數量不夠，即自行掏腰包購買，務必做到捐贈的每本書，都是被需要且喜愛翻閱的。

依照各地區、各學校的發展特色或是需求量身打造的「募書過程」，讓偏鄉或是弱勢的孩子，也能享受閱讀的機會與樂趣。至此，成為林芳瑾基金會開啟一切善念的源頭。

而且，基金會從不自我設限，從首次接觸屏東縣獅子鄉雙流社區的過程中，得知當地物資缺乏，他們也積極提供援助，爾後的「泰北募書」1885本共38箱的書籍，更將基金會的行善觸角延伸到海外，擴展的能量並如涓滴細流般，最後匯集成一股巨大暖流，挹注到各個角落，幫助更多需要幫助的人，只要對方提出需求，總是盡力而為。

原本，只是想把書送出去

一本書，開啟一段有關愛的故事。這個故事串

募來的書籍逐一擦拭。

真正的曬書。

每本書都要經過細心檢查。

配書工作進行中。

連起的人、事、物，在今天，不僅成就許多人，改變了他們的生活，更讓他們的生命因此變得更加璀璨而亮麗。

這所有的一切，緣起、緣落、善念，都成為林芳瑾基金會成立的緣由之一。直到現在，一手打理募書過程的基金會董事李映慧，在回想起這段大約十年，基金會尚未成立之前的募書過程時，仍不禁頷首微笑，目光微微閃動著。「還沒有踏入募書的行列之前，我從來不知道，原來持續做善事是這麼容易、簡單的一件事。而且，還可以產生那麼大的效果，改變的，不只是一個人的生活，還是他的生命。」

回首過去，泰半時刻，李映慧心情是雀躍而滿足的，綻放在臉上的是掩不住的燦爛。她說，從小就愛書，也看大量的書，一直以為書對她而言，就僅止於這樣的意義，直到有一天，曾與她共事的現任基金會執行長林芳寬，對她提起募書的念頭。

這時，募書對李映慧而言，是陌生的，但對林芳寬來說，又何嘗熟悉。

之所以想要募書，追根究柢，其實，剛開始是因為林芳寬家中手足移民海外，留下大量藏書，基於珍惜物資的心態，遂透過管道想要捐贈出去。不意，卻又在聯繫過程中，得知很多狀況，尤其是屏東縣獅子鄉雙流社區困窘的環境。「不只是書，還有物資。」林芳寬眉宇間透著一股愁

緒，娓娓道來這其中的原由。

輾轉得知這個地方需要大量書籍時，國中畢業即遠赴奧地利學音樂的林芳寬，其實並不確切瞭解這個地方的所在位置，只知道是在屏東的偏遠地區，並主要由三個原住民部落所組成。當時，社區內正在積極籌備有多重功用的「圖書館」。

乍聽，林芳寬以爲就是她印象中都市裡圖書館該有的樣子，事後才知，其實就是類似在社區中心的走廊中添置設備，譬如書架、書籍等，以供課後的孩子可以溫書、看書的地方。「對方創辦人告訴我，當地許多父母還在工作的孩子，這才會有個下課後可以去的地方，不至於被外界誘惑而吸引到不該去的地方，或是從事不正當的行爲。」聽到這，林芳寬久久無法言語。

整裝待發的書籍。

既是如此，提供給他們的書，當然不能只是原先捐贈的書籍而已，更多是要符合他們所需、適合他們，而且是他們願意、樂於翻閱的書籍才行。這件事，不僅意外地引發了一連串的善念，更具體地化爲行動，成了日後基金

林芳瑾基金會成立募書專案，李映慧董事全心全力投入募書工作。

會最是與眾不同的募書活動。

一個善念一個堅持，開出燦爛的花朵

「想要募書？那當然找我囉，我這麼愛書！」起初，聽到林芳寬募書的建議，李映慧想都沒想，直覺地，話就脫口而出。

這時，基金會還沒成立，林芳瑾還在世，林芳寬和李映慧就像很多人一樣，彼此之間的關係，充其量只是共同待過一個機構，是同事。就像世間很多事，起初看起來平淡無奇，卻因為一個提議、一個小小善念，再加上一點點堅持，最後開出燦爛的花朵。

募書，在今日來看，已是個非常廣泛而被大眾所認可的公益活動，其中，由新竹地區十二個單位團體所共同合作推動的「書香再傳」公益計畫，最為人所熟知，另外，包括誠品、佛光山的雲水書坊都是。只是這樣的活動，十幾年前仍不普遍，更遑論很多人的認知

李映慧董事於工作室中整理外界捐贈的書籍。

都是——「募書喔！就是把家中不要的、預備丟掉的書給捐出去！」

其實，直到現在，所謂的募書，一般的想法還是停留在類似「清倉」的行為。在李映慧募書過程中，就曾遇到一位南投地區的校長，很是感慨地說，九二一地震後，學校圖書館重建過程中，有許多人捐贈物資，其中包括了大量的書籍。只是國小的孩子還用不到厚厚的電腦書，又怎麼會翻閱適合大人讀的雜誌呢？但在不忍違逆眾人愛心的考量下，不能丟棄「書籍」，最後，只好把來自四面八方捐贈的書放置最上層書架，解決這個問題。

這段過程，看似無奈，卻也充分顯示許多人對於捐贈書籍所抱持的態度。因此，一開始，李映慧即堅持，即使是募書，也要挑過、選過，「募書是教育，不是救濟！」她再三強調著，並進一步說明，「好的書，不一定就適合。」

既然要募書，就要提供適合對方需求的書，讓他們可以充分運用，進入書香世界，甚至，透過書的力量，改變他們的生命。這樣的想法，看起來簡單，要真正做到，卻是段艱苦的過程。李映慧含笑說：「很難想像，只是募書耶，怎麼有這麼多要注意的細節。」她笑說，真是魔鬼藏在細節中！

募書數量增加得很快

　　第一次為了屏東縣獅子鄉雙流社區募書，在基金會還沒有成立的情況下，當然也就沒有多餘的人手可以幫忙，對於所有的募書流程，自然也很陌生。不過，即使如此，充滿熱情的李映慧，還是憑著過去工作中所累積的行政經驗，以及長久以來對書的熱誠與熟稔，展開了她自認為充滿計畫性的第一步。先寫好說明書，其中內容包括預定募集的2000多本書，以及協助運送書籍到屏東，向來熱心公益的「稻草人協會」相關合作事宜。

　　乍聽到2000多本的書，許多人會嚇一大跳，直覺問道，去哪裡找這麼多的書？對此，李映慧笑得很是開心，她說，「如果不是經過募書這件事，實在不知道，原來臺灣人有這麼多的溫暖情懷，只要有人提出需求，每個人都願意配合。只是，一般都不知道該怎麼去做。」

　　透過朋友之間的相互聯絡，熟識的廣播界及教育界共同協助傳遞消息，很快地，源源不絕的書籍紛紛寄送到基金會創辦人林昭元當時應允提供的地點。

　　因著所有人的滿腔熱血，募書的想法被提出後，事情的進展似乎以飛快的速度進行著。「記得有次芳瑾和芳寬，分別開了兩輛車去載學校所募集的圖書，滿滿的，書量多到塞滿車子。」只是，這是基金會成立之前的首部曲，大家都還很陌生，還不瞭解書送來了，才是一連串考驗的開始。

分類、裝箱，處處是學問

　　「起初，我想得很簡單，募書之際就向外放出消息，要的就是童書。並已作好計畫，書送來，就先針對科學和文學這兩大類做整理。」殊不知，即使是童書，還有繪本、漫畫、小說等眾多領域，更不用說一般人對

童書的認定，各有不同的標準。還有更多是該被淘汰、破舊，根本不符合需求的其他類別書籍。處理起來，格外耗費心力，分類也因此成了件苦差事，讓原訂計畫中的整理時間，延長至數倍之久。

此外，裝書的箱子也成了一大難題。「沒有經驗，一切都想得很天真！」李映慧忍俊不住地笑道。募書之初，她就和林芳寬去向平時有交情的水果攤「未雨綢繆」地訂好箱子。

「拜託老闆，因為要裝書，所以紙箱要夠大、夠強壯才行，裝蓮霧的箱子就不用了，太小。只有像是裝西瓜、鳳梨的箱子才會符合我們要的。」水果攤老闆也算夠配合，滿口答應。只是他們沒想到的是，紙箱是

泰北募書專案，已打包裝箱的大批圖書，待運送至海外。

夠大、夠強壯，問題是人手有限，他們都是小女子，如何搬得動這些重物，也是個難題。

後來，基金會成立之後，這就成了泰北募書時，優先考量，必須先解決的重要關鍵。

「失敗為成功之母」這話對許多人來說，或許只是一個參考，但對基金會而言，卻是實實在在的實踐過程。更重要的是，以善為念、以愛為出發點，讓他們在面對眾多難關，很多人視為不起眼的小事時，會堅決地實行到底，突破阻礙，設法從問題中思索出更好的解決方案。募書的事情是這樣，日後所有的過程更是如此，因此得以幫助更多的人，將愛、將善念傳播到更多的地方。

提供幫助，以對方需求作考量

一個又一個的問題解決了，正想把整理好，裝箱的書送出去之際。雙流社區卻回覆說年輕人平時都不在，得等到年節返鄉，他們才會回來，部落裡才有人手可以幫忙整理書。

沒有想過在萬事俱備只欠東風的情況下，如今卻彷彿被硬踩下煞車，再加上之前所經歷的磨難，任誰都會想要盡快把書送出去，完成最後的任務。只是，世事難料，終究只能暫緩，停下腳步。

有過任何想法嗎？對此，李映慧笑著搖頭，相反地，她卻是露出一副如獲至寶的神情。她說，「從這件事，我們又得到了經驗，想要提供幫助，一定要以對方的需求作考量，以他們的角度來思索。」這件事，也因此成為日後基金會成立時，做任何事的最高奉行準則。

後來，又發生了一件意外，更印證了當時李映慧所得出的結論。

等待送書到屏東的期間，颱風來襲，造成當地部落嚴重淹水。「我們

問他，除了書，社區還需要什麼樣的協助呢？」口中這麼問，心裡已想到可能是錢、可能是米等較為實際的幫助。結果，對方的回答，又讓李映慧他們怔住了。

「他們竟說需要墊板及書架？」李映慧嘆口氣說，還是白手起家的林爸爸有經驗，「他說，一定是學校裡的課桌椅破舊，小孩子在上面寫字，坑坑洞洞地，不方便。而亂堆的書，需要擺放好位置，這才需要書架。」後來一問，果然如此。

「很多地方上的需求，如果不是當事人，真的很難弄明白。」李映慧感慨地說，有了這次經驗，日後募書時，總會先打電話詢問當地情況，確實掌握需求，才能提供真正適合的書，達到她所說的「募書是教育！絕對不是救濟。」

「這點，是募書過程中，非常且必須堅持的。」訪談過程中，李映慧不止一次強調。她清楚記得，有次到偏鄉，其中有所學校校長很高興地說，她送來的書，不只孩子愛看，連老師都是迫不及待打開紙箱想要翻閱，因為每本的可讀性都很高。

甚至有位老師告訴她，會按照她給的書，小朋友看舊、殘破了，再自己去購買同樣全新的書。問對方為什麼要這麼做，太好看了呀！對方的回應，讓她每次回想起這件事，都忍不住嘴角上揚。「很多人知道募書辛苦，問我還是這麼堅持的原因，我想，這就是答案吧！」

「還有位校長親口對我說，有次學校舉辦座談會，邀來的貴賓所提出的好書書單，每一本，他們竟然都有。而那些書，就是來自於我們之前所提供的。」諸如此類的事不勝枚舉，樁樁件件都清楚刻劃在李映慧心中，警醒著她，讓她將每次提供出去的書篩選再篩選，務必精選出受贈者所需要的書。

募書SOP，不僅挑書、選書還要買書

為此，李映慧發展出一套篩選書的SOP標準作業流程。首先，是針對所有書統計數量；再來，就是以第一眼的直覺挑出適合與不適合的書。「最需要耗費時間做篩選的，就是那些不好不壞的書。」分類好之後，還要檢視內容，「缺頁的、塗改的、破損的，能修補就修補，無法挽救的，再好的書也得捨棄。」最後步驟是輸入圖書基本資料，完成書籍清單，提供受贈單位留存，及未來再贈書時的參考。

以為這樣就好了嗎？當然不是。書放進紙箱就像門藝術，怎麼擺都有規則，必須兼顧視覺的美感。重要的是，要讓受贈者在打開書的那一刹那，有種收到禮物的喜悅。募書，乍看不難，其實每一步都是耗費心血的細節。為此，在基金會成立之後，還特地撥出上百萬的經費買書。

「記得，我第一次注意到買書金額時，訝異有需要這麼多嗎？不禁脫口驚呼時，映慧董事可是一臉篤定。」提起這，林芳寬忍不住笑道。

由於募來的書，適合的並不多，再加上，李映慧對於送出去的書幾乎已到了「吹毛求疵」的程度。因此，她還會親自去買書、挑書。

每到國際或各類書展時，李映慧嬌小的身軀，總會不由自主地背上大包包，到會場精心挑選，至於二手書店，更是她入寶山滿載而歸的最佳地點。她笑說，每回挑好，在現場堆成像座小山的書，因為數量太多，常被其他人誤以為是店家的陳列，想要從中選購，都會被她笑著婉言阻止，「不好意思耶！這是我買的書。」然後，面對周遭眾人驚訝的目光。

淘汰的書，仔細尋覓老人家接手

選書的標準這麼嚴格，那淘汰、不適合的書怎麼辦？這個問題，李映

志工人員協助募書專案，進行書籍清潔、分類、建檔整理工作。

慧同樣一點也不馬虎，她常開玩笑說，「『連皮帶骨』地運用。」

即使對某些人來說，捐書是「清倉」的行為。但，不管適不適合或是過於破舊，無法運用，那終究是代表著捐贈者的心意，因此，絕不能浪費！這亦成了日後基金會成立的重要宗旨，善用物資，點點滴滴都是珍貴的心意，務必做到物盡其用。

不適合的書，就轉介到其他需要的單位或機構，真的太過殘破，無法修補的書，就交給資源回收。說資源回收，或許有人會誤以為就是直接交出去，那可不！對此，李映慧一口否決。

除了專業的資源回收單位，譬如慈濟這樣的機構外，更多是李映慧經過細心觀察後，覺得適合贈送的拾荒老人家。「我會趁著垃圾車來，許多人都出來撿拾資源回收時，仔細注意那些『搶』不過年輕人的老人家。」曾有跛腳的阿嬤，還有動作十分遲緩的阿公，後來，都因此和李映慧結下宛如親人般的情感。過年過節，彼此之間有時候只是一包小餅乾的分享，都讓人感動不已。

「有時候，老人家會送我些小東西，過節時，也曾拿湯圓給我。」李映慧緩緩說，老人家經濟生活並不好，他們這樣做，無非是要表達他們心

中的感謝之意，「禮輕，情意卻特別重！絕不能不收。」當然，有時她也會以分享的名義，請老人家吃些東西，有來有往，讓他們真心感受到被尊重。

　　幫助別人，不難！重要的是，如何在助人過程中，讓對方感到被尊重，而沒有任何的「施捨」，這才是善的真諦與精神，也一直是基金會行事作為的重要依據。

　　或許就是這樣出自真心的幫助，募書過程中，也感動了許多人。譬如南來北往運送物資的貨運行，一般載送書籍時，從臺北到花蓮是近300元，但很多時候，得知是做公益，可能就會降很多，言明只收最低門檻的基本費用。「其實，他們也是自掏腰包，幫忙補足差額。在公司立場應該都是公事公辦，有一定的價錢，怎麼可能因為是做公益就可以少收錢呢？」李映慧臉上滿是笑意。

出錢是最容易的事！

　　回憶起泰北募書專案，至今，不管是李映慧或是林芳寬都充滿了溫暖的笑容。那是基金會成立以後的第一件大事，而且，牽涉的還是國與國之間的聯繫，讓捐書這樣看起來像是很簡單的行為，霎時變得複雜了起來。

　　出乎他們意料的是，之前的政治情勢還沒有今日來得「開明」，進入泰北的很多書籍被嚴格管制，想要順利通過海關，根本是不可能的任務。曾有個大型知名慈善團體在得知基金會有此想法之際，明白告訴過林芳寬說，想要運送任何物資到泰北都可以，唯有書，是絕對行不通的！

　　這樣就讓他們打了退堂鼓嗎？當然不，基金會始終相信，捐錢是最容易的行善，反而是對的事、堅持要做的事；如果於人真正有助，即使再困難，也要想辦法克服，更何況，這還牽涉到教育，是百年大計的重要關鍵。

　　「記得在泰北募書之前，我曾有機會到泰北當地走了一趟。當時，

志工人員協助整理捐贈的書籍。

在高中參加座談會的空檔，特地到他們的圖書館內部看了看。」擺放書籍的書櫃是由簡單的鐵架所組成。翻開書籍看看，確實是需要大量更新，而該在他們這個年齡所需閱讀、適合的書籍也是缺乏。說起這些泰北的孩子，李映慧露出滿是疼惜的神情。

在民國38年到43年間，有批從中國雲南撤退到緬甸北境的原中華民國國軍，因為戰爭，他們流離失所，帶著眷屬一路顛沛流離到現在的泰國北部邊境，與緬甸、寮國的交界地帶。因為被當地政府、人民所排擠，環境十分艱困，一度過著沒水、沒電、沒人關心的生活，直到柏楊寫下著名小說《異域》，並於民國79年改編成電影上映，這才引起外界廣泛的注意。

「他們的生活環境雖然不好，可是從貼在牆上的書法、照片，還有書上面明顯翻閱時所留下的痕跡，可以看得出他們十分努力。」李映慧說，自從泰北居民的情況被披露後，臺灣教育界一直有人固定探訪，提供金錢、物資方面的援助，可是當她親眼目睹當地圖書館的窘困狀況，回臺後，鎮日思索的卻是募書事宜。

「不管事情再困難，總得有人做。而且，有些事，一生只有一次機會，錯過，就沒有了。」抱持著這樣的信念，她不僅號召周邊親人參與資助當地高中生的師培計畫，後來更接受當時建華高中黃校長的請託，積極展開募書工作。

一連串艱鉅挑戰，泰北募書辛苦周折

募書開始，並不順利，相反地，還十分艱困。主要的困難，來自於當時的政治情勢。流浪到泰國的國軍，雖然曾幫助過當地政府對抗共軍，礙於種族、文化上的不同，以及政治現實的考量，他們不僅被排擠，還被嚴格限制居住及遷徙。在他們的情況被外界探知後，從臺灣、香港的物資、金錢紛紛湧入，唯獨牽涉到思想、文化的書籍，依然是備受限制，或許該說，根本是被斷絕。

得知這樣的情況，基金會並沒有放棄，李映慧更是大力奔走。最後，總算皇天不負苦心人，輾轉得知僑委會每年年底都會運送教科書到當地學校，這是書籍進入泰北，最佳的管道與機會。

知道這樣的消息，林芳寬和李映慧兩人當然是雀躍不已，馬上聯絡僑委會，詢問相關的寄送事宜。僑委會的回答，讓兩人放下了心中的一塊大石頭，他們允諾配合協助基金會送書，只要事先讓泰北建華高級中學行文給僑委會提出申請，一切即可大功告成。

只是，沒想到接下來的回覆，卻又像是一盆冷水，當頭澆下。原來，僑委會每年運送教科書到泰北的船期早已定下，即便從得知消息的那刻起，李映慧馬上以最快速度聯絡泰北建華中學黃校長，請他們立即發函，同時進行募書活動。這時，距離年底的船期，也只剩一個多月的時間。

就像和時間賽跑，根本容不得有半點絲毫猶豫的空間。依照之前的經驗，募書是比較容易掌控的部分，反而是裝書的箱子，成了泰北募書過程中首先必須要克服的重點。

「之前，我們向水果攤老闆要紙箱，可是運送到泰北的紙箱，規定外表不可花花綠綠，不能有任何圖樣或文字。這麼一來，當然就只能是專門運送貨物的紙箱。」所謂貨比三家不吃虧，李映慧先是找上了郵局的便

利箱，後來又是各貨運公司。期間，險些因為紙箱，讓這趟的募書化成泡影，後來，還是朋友開的印刷廠解決了難題。

作業上軌道，奠立模式

「不是只有這樣，還有問題呢！」正以為所有的難題都迎刃而解之際，李映慧卻露出笑，兩手一攤，感嘆道，一波三折，正是這個道理。

集書過程。

根據僑委會所定的貨櫃尺寸，言明只能讓他們運送750公斤重量的書籍。「這麼一來，我們又傻了，之前只知道書是一本一本的，從來也不知道750公斤有多少本的書。」想來想去，他們只好用土法煉鋼的方式，先找到可裝約20公斤的紙箱，共可裝38箱，測試過約可裝十幾本大小的書，一本一本的算，一箱一箱的計量。

就這樣，在民國97年12月底，李映慧夥同幾位義工，在當年林爸爸提供首次募書的地點，耗費了整天的時間和多天的寒風細雨奮戰，做最後的

檢查、秤重、封箱、貼上標籤，終於趕在元旦前夕，將每個書箱打包疊好，順利在隔年元月上船，順利運送到泰北。

這件事，讓初成立的基金會有了更多發展的力量，尤其是林芳寬及李映慧。從一步步走來，什麼都不懂，到募書上了軌道、有了規模，甚至成為許多單位機構爭相垂詢的對象，事後回憶，兩人都是滿心的感激與欣喜。

「原來，做善事是這麼簡單的一件事。」李映慧說。

「很感恩映慧董事的一路付出，無私地將全副心思及心力放在募書上，特別是那時，她個人每天還有教書工作必須去完成。」林芳寬閃動著雙眼，微笑。

【採訪後記】
動力，從閱讀而來

李映慧

「為孩子們在基礎知識之外，培養喜愛閱讀的興趣，建立起真善美的文學藝術世界，豐富他們的生命內涵。」這是募書之初寫下的話語，作為贈書的期許與目標，十年走過，再度回首，初心依舊，每次寄書當下，這份心意也隨著書香而去。

曾有機緣和犯保協會合作，這是為犯罪被害人家屬提供的保護與協助，專案人員提出構想，希望在秋節禮品與禮金致贈外，能夠給下一代教育的機會，才有翻轉自身命運的未來，計畫在送禮時也送書給家庭的孩子們，這個想法得到我的支持，進而希望能提供孩童年齡層，以方便選擇適合書籍相送。

等待卻得到意外結果，電話那頭傳來反應並不好，圖書不被認為需要，之前她告知，許多家庭都是因為知識不足，無法自保才會被害，所以協會才有贈書想法，沮喪的她認為自己做的不夠好，我只能反過來安慰，或許這些家庭未曾從教育得到力量，因此難以瞭解多麼重要。這個故事，印證了為何要將募書定位在教育的基礎上。

經常被問什麼樣的動力可以持續這麼久，想過也給過許多答案，包括上述的例子。但某天夜裡，照例拿起書本閱讀，深深為書中情境著迷，心中充滿喜悅的同時，突然頓悟，這才是真正的動力，經由閱讀得到的感動，讓我有了力量，想要分享。希望每個孩子的童年，都能擁有這樣的感動，讓感動累積，心中自然有愛，心中有愛的孩子，生命內涵自然不一樣。

常繼步。（林聲攝影）

3.

給予耄耋鶴齡一把手

——照顧銀髮族，預防勝於治療

銀髮族照顧服務與合作方案（民國97年~）

由於社會結構的改變，目前臺灣許多銀髮族所面臨的困境，不是缺物資、缺協助，缺的是人手！

臺灣即將於十年後邁入超高齡社會（意即一個國家老年人口占總人口數的20%），衍生的問題，除了老年照護之外，如何促進銀髮族的健康，讓他們能更愉快且充滿信心地面對社會，實現「老吾老以及人之老」，一直是林芳瑾基金會努力的課題之一。

不過，隨著高齡化社會的加劇，長期照護的需求，眾多的議題，包括居家服務照顧與補助，促進老人長期照護的生活品質與尊嚴，在基金會的多年努力下，早已透過各種專案陸續實施中。此外，譬如獨居老人或失智老者以及深居簡出的貧困長者，其健康問題與需求，也始終被關注，基金會不僅提供生活上的援助，亦考慮到維持獨居及弱勢老人的生活品質與生命尊嚴。

因此，從弱勢家庭與老人營養午餐專案、「慢慢來，我等您」銀髮族照顧服務計畫、老人個案心理諮商暨團體輔導活動計畫、失智症長者團體服務方案及失智症家屬支持團體服務方案、單身長者社會支持工作坊、三芝區圓山里老人關懷活動等等，只要有需求、確實需要幫助，都在規劃範圍內。

更重要的是，在伸出援手的同時，如果有其他的需求，基金會亦會積極提供協助，譬如針對弱勢家庭學生成立助學專案，獎助學金、營養午餐之

林芳瑾基金會林美鳳財務長協助元氣長生營養教室活動教學。

外，並有家庭課後輔導專案，進一步維護家庭功能。

活得健康長壽，關鍵在於預防勝於治療

在社會上，有太多隱藏在角落的弱勢，政府的資源雖然有介入，民間協助也不少。但對他們而言，這樣就夠了嗎？所有的協助，就是他們所需要的嗎？

特別是對於年老體弱的銀髮族，過去他們可以藉由同居的家庭結構，親人的協助，解決許多生活上的難題。如今，一個人寡居，經濟上的拮

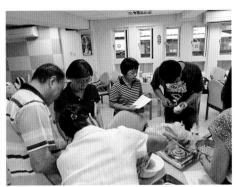

元氣長生營養教室教學。

据，再加上生活上的挫折，讓他們面對了比過去多更多的考驗。對於這些，很多時候，我們都必須賦予更多的關心與關注。

　　財團法人新北市大樹社會福利基金會辦理新北市板橋海山公共托老中心主任常繼步，曾於民國98年9月到102年6月擔任基金會主任，談到此，不禁肅然道，在臺灣即將邁入超高齡化社會的同時，衍生的問題愈來愈多，尤其是銀髮族的居家照護。「在歐美，平均臥床的時間約在2到3年左右，而臺灣卻可長達7、8年左右，甚至到10年。」這樣的數字背後，顯示的，除了是龐大的經濟負擔、醫療及照護問題外，他強調，更重要的是「預防」。

　　歐美隨處可見的運動健身習慣，不管是跑步、游泳、上健身房，都是在維持良好的體能，促進身體的健康。另方面，銀髮族面對疾病的態度，大都是朝向積極復健，盡快恢復健康的思維，如果狀況不理想，則以和緩照顧，不作積極性的侵入性治療。

　　「換句話說，不是以延長壽命為最重要的考量。」談及此，常繼步正色道。他說，在臺灣有太多家屬是以延長老年人壽命為主要選項，可能是為了退休金、補助金，或者其他因素，總之，就是不管怎麼樣，務必要維持那「一口氣」的存在，因此加重整體醫療系統的負擔。

　　所謂預防重於治療。尤其當臺灣正逐步邁向超高齡社會之際，國民平均壽命延長，老年人口比率迅速攀升，正視高齡長者的健康問題，已是刻不容緩之勢。

　　然而，根據內政部在民國95年公布之「中華民國94年老人狀況調查報告」中指出，臺灣地區老人自82年起，健康狀況良好比例占45.41%，此後逐年降低，至94年僅達33.44%，而生活活動無法自理者，則是從2.99%增加到7.12%。在最新的數據中，103年10月衛生福利部（老人狀況調查報告，每5年公布一次）的調查中，日常生活活動自理有困難者已達到20.8%。

　　種種數據顯示出，臺灣老人健康狀況不佳有上升的趨勢，且益嚴重。為了高齡長者可以活得健康、活得長壽、活得快樂、活得有尊嚴，必須從根本去扭轉一般人的觀念。

　　對此，基金會舉辦了許多促進健康的活動和講座，譬如「元氣長生營養教室」。透過在社區舉辦營養教室的方式，吸引民眾參與，在課程內容的設計上兼顧健康理論與實作。運用生活中隨手可得或是當季的食材，讓長輩們吃出健康與營養，另方面更奠定正確的健康概念，了解新鮮食材的重要性。當然，如何根據銀髮族的生理變化及營養需求，降低膽固醇、脂肪，增鈣、增加纖維素的飲食攝取量，都是上課重點。

　　總之，就是藉由課程的參與，使社區中的銀髮族學習健康與營養知識，一方面是預防營養不良與脫水等狀況發生，進而提高獨立自主的生活能力，提升生活品質。另方面，也是在於延緩高齡者開始使用長期照護服務時間，以降低照護需求，節省長期照護相關花費。

人力的援助，志工不可或缺

　　對基金會而言，只要行有餘力，就會做得更多，而且都會留意到很多

銀髮族保健教室教學。

人不會注意到的細節與狀況。

　　曾經，在常繼步接觸的案例中，有位高齡90幾歲的老婆婆，因為獨居且行動不便，是社工固定探訪的對象，社區中也有許多人伸以援手，各方捐贈的物資亦是源源不絕。可是當基金會接到相關訊息，說明老婆婆的狀況時，基金會還是特地派人前去查看。

　　回憶起那天探訪的狀況，常繼步神色一黯。「我還清楚記得，那是個下雨的日子，天氣很冷，應該是冬天吧！」老婆婆的先生是警官，所以有得到公家配發的宿舍，先生過世後由於仍有警眷的身分，故仍可繼續住在原宿舍中，但房子年久失修顯得十分殘破，再加上老婆婆雙腳不良於行，

銀髮族保健教室教學。

已無法自行下床，所以生活起居都需要靠志工及居家服務的人員協助打理。

「一走進去，味道就非常刺鼻……」常繼步說，客廳很大，卻是沒有什麼陳設，走到房間，才發覺老婆婆一個人躺在床上。床四周擺滿了插根吸管的寶特瓶，還有一個個的便當，有的很明顯已經放了一段時間，味道發酸。但更令人鼻酸的是，老婆婆蓋的棉被又厚又濕，可以看出棉被上沾滿了排泄物等髒汙。

老婆婆的處境，讓人不忍。可是堆放在牆邊的物資，譬如奶粉、泡麵等，亦說明了她還是有人在「關心」。「知道嗎？在老婆婆那，我甚至還看到兩個全新的輪椅，都沒有拆。問題是，那些協助、那些物資是老婆婆需要的嗎？是她用得上的嗎？」常繼步不覺皺眉、搖頭。

「很明顯的，不是缺物

資、缺協助，而是需要有人來幫
她。她缺的是人手！」

其實，這也正是目前臺灣
許多銀髮族所面臨的困境，社會
結構的改變，過去賴以為助的親
人，因為工作、生活的忙碌，再
難兼顧到長者。政府資源的協
助、社工的介入，只能解決一部
分的問題，但更多的獨居老人，
面臨的是無法生活自理的重大難
關。

102年辦理慢性病照顧者支持團體。

當時，常繼步一看，馬上先
找志工幫忙，協助老婆婆清理環境。接著，探尋適合的照護單位，每天固
定派人，協助老婆婆處理生活上的事務。「先把最重要的事情解決，然後
一個個處理。能幫忙的先幫忙，力有未逮之處，尋求其他機構的協助，幫
忙轉介。」

投其所好滿足所需，提供真正的幫助

常繼步強調，在社福系統中，幾個主要領域，包括兒童、青少年、老
年人、婦女、身障等，議題眾多，所需的相關資源也不同，很多時候必須
仰賴大家的互通有無，相互協助，才能針對個案提供最適當的協助。相對
地，也能避免資源的浪費。

他進一步說明道，「這社會有許多需要幫助的人，但也有不少懂得利
用政府、社會資源的人，到處尋求協助。在某方面來說，不僅造成資源浪

基金會人員於春節前訪視並贈送溫馨年菜關懷銀髮族。

費，更易讓眞正需要幫助的人反而得不到協助。」因此，透過與公部門的聯繫，與民間社服單位的互通有無，可將資源分配到眞正需要幫助的人身上，更重要的是，提供個案眞正需要的資源與協助。

當然，在這過程中，基金會也不會囿於自身發展，侷限在某些方面的資源提供而已。譬如在協助銀髮族時，很多時候也會觸碰到其他議題，與孫子居住在一起的隔代教養，甚至還延伸到學校，發掘出另一層的議題。

「我記得，當初老梅國小的校長，他對孩子、教育的用心，就很令人印象深刻。」他說，老梅國小有不少家境清寒或是隔代教養的孩子，爲了鼓勵那些孩子用功上進，他發展出一種進步一名就送貼紙的獎勵方式，

集滿多少，就可以到當地便利商店換取獎品。接著，在一個固定時間後，便利商店再和學校結清金額。

「對那些孩子而言，便利商店的東西可是比什麼獎勵還好，而且還可以讓他們根據集滿的貼紙自由兌換等值的商品，當然就非常高興囉。」常繼步說，如果提供的協助是「投其所好」、「投其所需」，那就是非常值得而有效的方式。

也因此，在基金會提供的各種資源中，不管是哪一種方式、專案，都非常注意這項原則。

關注被照顧者，擺脫身心壓力

此外，在銀髮族的照護領域中，基金會也注意到了另一項重要議題。在臺灣邁入超高齡社會之際，家中如果有需要照護的老人時，通常第一個想到的「最佳人選」都是家庭成員，但誠如日本社會學家藤田孝典所指出的，因此衍生的問題很多，特別是對主要照顧者。

在政府資源不足，相關社會福利設施不夠完善的種種因素下，擔負起主要責任的家屬，在必須照顧家中長輩的情況下，社會地位日漸低落、經濟能力下降。久而久之，勢必承擔極大的精神壓力，甚至從精神衍生出很多身體上不適，頭痛、心悸等，諸多莫名的病症因而產生。

其實，「家庭照顧者」不只是為了家中長輩，包括身為父母的長期照顧智障或腦麻的孩子。也可能是為人妻或人夫，照顧因意外失能的配偶。不論年齡和性別，只要長期照顧因年老、生病、身心障礙或因意外而喪失功能的家人，就是所謂的「家庭照顧者」，亦是需要被關注的對象。

銀髮族家庭保健講座。

　　在內政部長期照顧制度規劃小組的估算中，臺灣在高齡化社會的發展中，光是93年需要長期照顧的人數，就已經超過51萬人。而目前身心障礙民眾的主要照顧者中，即有四成罹患輕重程度不一的憂鬱症，更需令人注意的是，臺灣照顧親人的平均時間，亦長達十年之久。時至今日，根據家庭照顧者關懷總會推估，臺灣的家庭照顧者已超過60萬人。

　　試著想想看，這些為數不少的家庭照顧者，通常沒有薪水，而且不管工作時間多長、多辛苦，這些勞務，通常都會被視為理所當然。再加上沒有工作、沒收入，為家庭中的經濟依賴者，想當然耳，家庭地位也會相對降低。甚至到最後，成為藤田孝典口中，目前日本社會中的「下流人

士」。那如果是一邊上班，一邊負擔照顧責任的人，在工作與家庭之間奔波，身心壓力亦是不輕，長期下來，勢必無法兩相兼顧。

更重要的是，家庭照顧者原本是以愛為出發點，對於父母則是孝順，可是時間久了，當面對久病纏身的被照顧者，不管是中風、失智，情緒本就管控不佳，再加上身邊的人不免只關注在被照顧者，忽略了照顧者其實也有被了解與同理對待的需求時，就更容易引發問題。

透過團體分享，開發自覺需求

照顧者的心理狀態，其實也會影響到被照顧者，這是環環相扣且相互影響的重要課題。

因此長期以來，基金會一直有留意到這方面，很常被社會大眾所忽略的一環。希望透過有系統的課程與活動，漸進式的幫助家庭照顧者們建構具有互助力量的資源網絡，讓他們在愛家人的同時，也能夠被理解照顧工作的辛苦，並且得到支持與資源。

民國101年，基金會首先擬定第一階段的家庭照顧者生活品質計畫，為維護失能者的照顧品質，並協助家庭照顧者喘息與成長，希望藉由團體工作，支持家庭照顧者的情緒與壓力的紓解，並使其於團體中凝聚團體意識，建立具互助力量的支持網絡。另方面，也透過在團體中分享經驗的同時，嘗試開發其自覺需求。

截至目前為止，在臺灣一般社會大眾比較會注意到的，依然是被照

顧者的需求，以及他們的身心發展，在政策的規劃面上，亦是如此。可是隨著愈來愈多發生在高齡化社會中的家庭不幸事件，譬如最早進入高齡化社會的日本，甚至發生高齡孩子在照顧父母時，不耐長久堆積在身上的壓力，最後選擇和被照顧者一起放棄。諸如此類的人倫悲劇，在在凸顯了照顧者希望得到喘息，希望得到協助的重要訊息。

在基金會的規劃中，照顧者不僅能舒展平日的照顧壓力，根據事後統計調查，更可知參加者有80%以上能藉此在團體中獲得正向力量，增加自信心與增強自我權能。除了可協助已產生困難的家庭照顧者改善問題外，更可促使參加者在團體治療課程結束後，日漸擺脫憂鬱、焦慮、負荷、壓力等陰霾，也能擁有屬於自己的快樂人生。

透過協助，獲得最適當幫助

在超高齡化社會來臨之際，不可否認地，會對愈來愈多的家庭產生衝擊。如何尋求協助，如何透過資源減低家庭隨之而來的重擔，不僅是很多人關心的重要議題，更是關係著一個家庭的興衰。

目前，除了各縣市均設有社福中心可提供協助外，民間也有很多的社福機構。如果不知道如何尋求幫助，可直接打電話給當地公家機構的社工人員，他們是最了解的一群，自然，也可以透過他們的協助，獲得最適當的幫助。

常繼步強調，在此同時，也不要忘了善用各地社福單位所提供的資源，透過輔助運動器材強化身體健康，參加醫療健康講座充實相關知識，「總之，預防勝於治療。平時，就要注意營養和健康，維護身體機能。生病時更要注意復健，謹記，運動、健康、營養三管齊下。」

102年辦理女性糖尿病照顧者支持團體。

黃柏嘉、練炫村。（林聲攝影）

4.

心靈捕手不可或缺

——免卻二度傷害，妥適安頓上上策

寬心安頓專案（民國98年~）

如何幫助遭受家暴、性侵者走出陰影，伸援突逢疾病、意外、失業、喪偶者擺脫壓力，基金會寬心安頓專案掌握黃金處理期，及時介入輔導、諮商，防杜可能產生的各種狀況，避免憾事的發生。

　　在臺灣，弱勢族群只要經過申請及審核認定，譬如符合中低收入戶的資格，即可獲得政府資源的挹注，即使沒有非常完善的照顧，基本門檻的經濟補助、社工的協助，還是能滿足日常的生活所需。但，卻有部分族群或某些人，因為不符合資格，或是某些因素而無法即時得到救助，很多時候，就因此產生了問題，甚至造成社會上、家庭中無法挽救的憾事。

　　民國97年的金融海嘯，重創了全球經濟，臺灣有不少中小企業也受到牽連，很多過去不知道柴米油鹽醬醋茶為何物的企業主，或是生活優渥的高階主管，一下面臨公司倒閉的危機、失業的問題，對心理產生的重大影響自是可想而知。當時，衍生出的「新貧族」，也因而成為當時臺灣社會一個令人憂心的族群。

　　或許，在短時間之內，他們的經濟狀況還能維持在一定的程度，可是心中的傷口，卻成為陰霾。如果問題沒有解決，失業維持了一段時間，長達數月，就不只是他個人的問題，而是整個家庭都會受到嚴重影響。

　　更需要注意的是，因為不符合中低收入戶的資格，也沒有因此生病，或是發生危害到他人的嚴

重事件，在政府「眼中」，那就是不需要「幫助」的。只是，事實眞的是如此嗎？他們眞的不需要幫忙？

又或者在有些個案中，因爲繼承了一塊小小的土地，或許僅有五坪，而且還是位在無法住人的區域。可是，在政府的認定中，就是屬於有資產的人，不會提供任何協助資源，阿嬤只好帶著孫子硬擠在社會的角落，辛苦度日。

其實，這樣的例子，社會上不少。更嚴重的是，除了經濟上，還有很多是心理衍生出的問題，因爲看不到、摸不著，他們也沒有對外求援。最後，問題累積到一定的程度，終於爆發，自殺、家暴等暴力事件層出不窮。

如果能提早發現問題，及時介入處理，協助這些因外在壓力下所產生的心理健康高危險族群，提供他們一個心靈的出口。在生命的轉彎處，找到方向，自然能順利度過這些人生中的波折。

在這樣的構想下，林芳瑾基金會與財團法人呂旭立紀念文教基金會合作，特別針對那些無力負擔諮商費用的失業個人與清寒家庭，只要是經過社工人員評估後，即由呂旭立基金會安排心理師提供個別的諮商服務與家族治療；或者，如果是弱勢家庭及其成員，亦有因社會壓力導致的心理健康問題，亦可提供諮商服務。至於從事第一線的社工人員與弱勢家庭中的主要照顧者，當然也不能忽略，團體支持與紓壓課程，亦是寬心安頓專案的規劃與服務的範疇。

從「心」輔導，無法用次數來衡量

　　姑且不論，現代人生活、工作壓力大，累積的精神壓力不勝負荷，很多時候在經濟已然困窘的情況下，根本無暇顧及。即使注意到了，也常被忽略其嚴重性。

　　至於在政府介入的個案輔導中，也鮮少去注意心理層面所引發的問題。即使有，不管是6次的心理諮商次數，或是12次，複雜性的釐清，找出問題的根源，進而協助當事人去面對、處理，又豈是這些硬性規定的次數所能解決。

　　曾經有位個案，無助的母親經過層層轉介，找到專門在家暴、性侵、親子方面特有所長的呂旭立基金會時；輔導過程中，光是透過電話的溝通，就已經耗費了無數次的時間。「一次又一次，還曾經在一次講電話的過程中，母親遭受孩子的暴力對待。」諮商心理師黃柏嘉緩緩說道。

　　「繭居族」（hikikomori）是從日本開始，可說是目前普遍蔓延在全世界的一種症狀。意指面對社會，某些無法順利調適的青年，日日過著足不出戶、躲避人群的生活，甚至無法對外開口說話。

　　那位母親的孩子從國中開始即不願踏出房門一步，房

內的生活就是他的一切。父母只能將每天他的吃喝放在房門口，遇到孩子半夜步出房門洗澡、盥洗，就算聽到、知道，也只能裝作什麼都不知道，萬一不小心碰到，還要迅速避開，否則極可能受到孩子的暴力相向。

　　「好幾年過去了，這個算起來應該是高中生的孩子，情況一直都沒有改善。甚至那次他母親打電話來，被他聽到，還從房裡丟東西出來。」經過一段時間的輔導，協助媽媽如何應對她的孩子，終於進步到母親可以和孩子正常對話，「可是光是為了讓那位孩子到樓下買火腿蛋土司，那位母親就和我足足練習了三、四個鐘頭之久。」冗長的過程，不斷練習的對話、訓練，又豈是過於一般化的客製化心理諮商。

「每個個案的狀況不同，很難用同樣的標準去衡量。」黃柏嘉強調，就像要分析一個人的人格特質，不能只考慮單一因素。在個案中，更常出現這樣的狀況，有的剛開始，看似因為學校霸凌事件，引發孩子的恐慌、畏懼，產生憂鬱症，探究到後來，有的卻是和家暴脫離不了關係。

「那到底應該算是霸凌？還是家暴的案件呢？」在社福單位注意到不尋常的現象時，一般流程大致是，社工先前去訪視，評估後，在正式開案前還必須先歸類，定位是哪一種的個案，是性侵？家暴？然後才開始一連串的協助與輔導。

問題是，很多都是涉及到複雜的因素，難以用單一項目作歸類，尤其是心理層面的範疇。一次、兩次的輔導諮商，就夠了嗎？就能解決問題嗎？譬如上面所陳述的個案，光是電話的溝通就已無數次，更遑論見面。

「最後一次，我知道那位媽媽和孩子的相處狀況是，兩個人一起去看電影。」提及那次的經驗，黃柏嘉笑得滿足。

而那次的個案，其實，就是呂旭立基金會和林芳瑾基金會合作的寬心安頓計畫。只要有需要，不論次數、輔導內容，重點只在於有沒有幫助。

把握輔導時機，及時介入

在寬心安頓計畫中，面對的，是最複雜的心理層面問題，卻也是解決很多問題中，最釜底抽薪的方式。更重要的是，盡量掌握及時介入的黃金輔導期。

民國97年當臺灣遇到金融海嘯，社會上出現不少「新貧族」時，失業，是許多人第一個遭遇到的難題。起初，這或許只是單純的一個過渡期，可是幾個月過去，面臨的不只是失業，經濟上的困頓，更多是「我是不是不夠好？」「我是不是做錯了什麼？」「別人就是瞧不起我」等等負

面情緒一個個出現、累積時，受到打擊的，不再只是個人，還有整個家庭。如果問題再繼續擴散，家庭經濟出現狀況，親子關係的改變，家暴等都可能衍生而出。

「所以，及時介入很重要！」呂旭立基金會執行長練炫村強調。一般社福資源的介入，通常都是個案已出現狀況的時候，譬如自殺，或是造成社會案件，侵害到別人損失等，由醫院或地方警力通報社會機構。可是寬心安頓計畫不一樣，只要經過專業評估，認為確實需要，呂旭立基金會就會介入處理。

「如果是在個案一產生狀況時，我們能掌握黃金處理期，及時介入輔導、諮商。那麼，常常就能預防後面所可能產生的各種狀況，避免憾事的發生。」練炫村嘆口氣說道。

這對當事人而言，宛如是「重重的一擊」，不只是失業，喪親、喪偶亦是。在寬心安頓的案例中，還有位喪偶的女性，經過轉介到呂旭立基金會尋求協助時，外界原以為她是和另一半的感情深厚，所以才會走不出來，一直陷在失去另一半的悲傷中。

「經過諮商，一段時間的瞭解，才釐清她真正無法面對的原因。」黃柏嘉說，那位女性的悲傷，其實是來自於婚後，因為長久照顧先生的疾病，幾乎沒有自己的生活。最後，先生離開了，回首過去十幾年的付出，她的人生近乎一片空白的失落，才讓她久久走不出來。

另方面，外界眼中的好好先生，在這位女性的眼中卻非如此。當大家說「妳先生這麼好，你們感情這麼好，所以妳才會走不出來，要看開點。」這話，也成為她心中無形的壓力及夢魘。因為，事實並非如此。

經過釐清，多次的諮商、協助，這位女性才走出困境，真正找到活下去的力量。

林芳瑾基金會自辦寬心安頓專案——社工人員支持團體。

作法彈性，一切取決於專業認定

　　「其實，呂旭立基金會投入心理治療的領域已有27年之久，也常針對一些急需要輔導的個案作處理，即使沒有符合中低收入戶或社福單位的認定資格，只要有需要，我們還是會做。只是第一次這麼大規模，有系統的運作，還是透過和林芳瑾基金會合作的寬心安頓專案。」練炫村緩緩說道。

　　合作長達三年的寬心安頓計畫中，在填寫個案評估資料，或是結案報

告時，不需要繁複數據的呈現，有關「績效」的任何認定，尤其是一般最常凸顯的大量個案照片，以及量多壯觀的數據。達標達量等字眼，在寬心安頓中，通通都是多此一舉。

黃柏嘉開玩笑說，如果要量多，其實只要去學校演講，在週會的早晨拍照，幾千人的場面，何嘗不是一種最容易呈現的方式。但寬心安頓的評估條件，完全取決於專業人員訪視之後的評估，最重要的關鍵是，「突逢重大壓力的族群，譬如疾病、意外、失業、喪偶等。」他說。

「而且，重點是林芳瑾基金會給我們很大的彈性，包括專業的評估、如何呈現個案的形式。」黃柏嘉進一步舉例說道，一般的心理諮商過程，坊間是以一小時論價收費，最少都在1500元開始起跳，而政府補助的個案，為了讓資源作最有效的分配，諮商時數、次數因此都有限制。

「在寬心安頓中，我們沒有受到這些限制，有時候一通求助電話進來，我們就開始作協助。」譬如之前黃柏嘉協助過的繭居個案。他坦言，在這些輔導的過程中，透過個案一點一滴的進步，他獲得很大的成就感與滿足。「真的很快樂！」他笑得一臉燦爛。

「那個過程，林芳瑾基金會雖然是屬於撥款給我們去執行專案的單位，但我覺得，其實那時我們之間比較像是，為了解決共同問題的合作夥伴。而且，那個經驗是愉快的。」

黃柏嘉強調，只要是對解決問題有幫助，輔導過程，不會受限於僅有一個人。

「剛開始，可能是個案當事人來諮商，可是隨著進展，他的另一半、孩子，我們會邀請家中的其他成員一起來參與。」

連結資源，擴散輔導能量

彈性的作法、專業上的認定，讓基金會的作法，在很多方面都呈現出獨一無二的一面。當然，不可否認地，在資源有限的情況下，基金會的很多重點會放在先發掘問題，找出隱藏在社會角落中較不為人知的一面、外界忽視的一環，然後集中能量挹注。

在寬心安頓專案中，呂旭立基金會在做的事，其實開始的很早，民國78年3月因為家族中有兩位重要成員的驟逝，從熟悉的親人到朋友，大家在共同的理念下，成立了呂旭立基金會。這麼久的時間以來，呂旭立基金會在家暴、性侵、親子的議題上，累積了非常豐沛的資源與能量。

而且，更早在民國80年即引進了美國最具影響力的首席家族治療大師之一維琴尼亞‧薩提爾（Virginia Satir），其所創立的薩提爾模式（Satir Model）訓練課程，是一種全人的治療取向，包容一切當代治療的理念與技術，而且接納人性，治療師能藉此助人也自助。

截至目前為止，從北到南，臺北、臺中、高雄三地共有54位專業心理諮商師，一半以上還是累積了十幾年經驗，已做到督導的諮商師，28位的專職員工。但過去呂旭立基金會一直是默默地在自己的崗位上努力，誠如練炫村所說的，之前呂旭立基金會也有如同寬心安頓的專案，卻囿於發展規模或其他因素，只是零星的呈現。

林芳瑾基金會的資源鏈結、合作，雙方在共同的理念下，將寬心安頓發展到另一個規模、提升到另一個層次。相對地，呂旭立基金會亦是。

自辦「悲傷輔導」，陪伴及同理心對待

民國104年2月4日，對不少人來說，都是一個傷痛的記憶。當天一架

林芳瑾基金會自辦寬心安頓專案──復航空難瑜珈燄口法會。

自臺北松山機場飛往金門的復興航空班機，起飛後不久即不幸墜毀在南港區附近基隆河，造成43死15傷的悲慘空難。當時空難事件發生後，各界紛紛投入救難工作之際，蘭陽潛水協會總幹事鍾陸基，在連續3天參與搜救後，一日返家，腹部強烈劇痛經診斷為髂動脈瘤，緊急送醫手術卻宣告不治。

面對這樣的傷痛，不僅為了撫慰所有殉難人員的家屬、親朋好友，更為了當時瀰漫在臺灣社會低迷的氣氛，基金會特別運用「悲傷輔導」的方式，陪伴並支持罹難者家屬經歷悲傷過程，協助其處理因喪親所引起的情緒反應與困擾，大規模發起「瑜伽燄口超渡法會」。以民間信仰的方式，為往生者超拔苦難、往生淨土，同時，並祈願傷者早日康復，陪伴罹難者家屬面對與度過悲傷哀慟期。

另方面，同年度的助人工作者寬心安頓專案中，社工人員支持團體——「工作無懼，關係有愛」亦是一大創舉。

「社工每天必須面對那麼多個案，其複雜難以想像的程度，很多都是一般人難以承受的。譬如在處理家暴案件過程中，很多時候，就會遇到自己也被暴力威脅；經濟弱勢的、銀髮族的獨居，每每也是讓人看了不忍。」林芳瑾基金會主任沈莉真強調，社工人員雖然受過專業訓練，瞭解如何處理自己的情緒，但畢竟也是血肉之軀，亦有情緒。

特別是因應不同的個案，處理過程中，難免必須與社會制度、政府部門作溝通與協調，種種的困難與壓力，不免影響到工作情緒，有時甚至會產生無力感，動念離開自己專業的工作領域。另方面，亦容易生出負面情緒，直接影響到服務品質與個案權益。當然，如果辭職，離開原先的專

業，更是將導致各社工單位人力與經驗傳承的中斷。

　　近年來，臺灣歷經了無數次的災難事件，以104年臺北市為例，半年內，即有大規模的復航空難、八仙塵爆事件，很多社工人員為了搶在第一時間介入服務，掌握黃金輔導期，每天日夜在災難現場、醫院、社區、學校及家庭中疲於奔命。緊迫的時間，大幅延緩社工身心復原的機會。

　　種種考慮，因而有了104年度的助人工作者寬心安頓專案，希望透過身、心、靈療育的方式，給予社工人員支持與交流。使其在紓壓放鬆的團體環境下，透過精心設計的課程，提升自我覺察，檢視人我關係，最終找到專屬於自己的壓力管理方法與人生信念，進而創造「工作無懼，關係有愛」的服務境界。

復航空難法會。

一加一以上的能量匯集

從身體到心理。事實上，解決問題的根本，經過現代心理學的研究，很多的癥結點都隱藏在心理層面中。呂旭立基金會的資源連結，不可否認地，在林芳瑾基金會中發揮了一定的影響力，當然，在這過程中，也帶給呂旭立基金會許多正面的發展能量。

誠如黃柏嘉所說的，在寬心安頓專案中，兩者的合作，就像親密的夥伴，在共同的目標下，一起努力。而出身自科技業的練炫村亦深深有感，她說，基金會在累積自身足夠的能量之前，所做的事，無可避免地一定會受限於資金、規模，有些考量因素，也會讓基金會的發展有一定的侷限。

「現在，累積的能量夠了，有足夠的餘力，我們也是繼續堅持做類似寬心安頓的專案。」練炫村說，現在很多政府轉介過來的個案，在做法上，他們也會給予最大程度的方便，只要是對個案有幫助。

透過這次的專案，相信，不僅是對林芳瑾基金會，對呂旭立基金會都是種一加一以上的能量匯集。

註：「財團法人呂旭立紀念文教基金會」104年11月24日起更名為「財團法人旭立文教基金會」。

陳玉秀、林紋琪、黃圓珍、夏林清。（林聲攝影）

5.

身體快樂地動起來
——「雅樂舞」導引身障者正向生活態度

雅樂舞身心動態課程專案（民國100年~）

流傳了數千年的雅樂舞，是可以追溯到周公制禮作樂的文化技藝，在臺灣，沒有多少人知道，在中國，因爲歷史的嚴重斷層及政治因素，更是失傳已久，唯有韓國、日本還保有一部分的精髓。這樣珍貴的文化技藝，在偶然間被留學韓國習舞的陳玉秀所知，她大爲撼動，從此醉心研習，一意恢復這個中國最古老的珍貴資產。

以禮爲度的雅樂舞，看似舞蹈，實際上卻是內涵數千年來文化精髓的呈現。小小的一個動作，牽涉到的卻是全身感官、肢體的連結與運轉，尤其是心靈的安頓，都讓雅樂舞呈現一種身心靈結合後，融合在天地間的祥和與靜謐。只要懂得靜下心領略，很難不被其中所蘊含

很難想像，會有一個單位或機構因為想要幫助弱勢族群，提供的協助不只是金錢，而是從身體、心靈，乃至於生活的各個層面都考慮，以長遠的未來作規劃，而財團法人臺北市林芳瑾社會福利慈善事業基金會就是堅持這麼做。

的深意所撼動。

正因此，當陳玉秀學習了數十年後，她不只在雅樂舞上奠定了深厚的基礎，更透過雅樂舞的精髓，發展出一套「解構」雅樂舞身心動態過程中，延伸出的身心操練方法。在振興醫院，她因此幫助了很多深受疾病之苦的人，不管是身體或是心靈，雅樂舞都讓這些原本是醫院「常客」的人，開始懂得跳脫病痛對他們的限制，從「心」感受到原來生命美好的一面。

很巧的是，對於陳玉秀而言，原本單純為快樂而舞蹈的世界，一心進入數千年文化浩瀚領域的雅樂舞，卻因為對人的啟發，探索過程中對自我身心靈的覺察是大有助益的，可以真切感受到真正的快樂。這一點，與基金會想幫助人的心不謀而合，因此，不僅開啟了基金會進入雅樂舞的世界，瞭解雅樂舞這樣的古老技藝，對於一般人，尤其是罹患罕見疾病深受心靈困擾的人，就像為他們打開了另一扇通往美麗世界的道路。

民國100年陳玉秀推出《雅樂舞與身心的鬱闊》、《身心量覺的迴路》的新書發表會，基金會開始進行一連串的合作計畫，只是提供金錢當然不夠，誠如現任輔仁大學社科院院長暨心理系教授夏林清所說，任何一項計畫不是一年、兩年，短期就可以呈現出效果的，一定要是長期有計畫性的方案。於是，102年基金會又邀請陳玉秀，針對不同原因後天失明的盲者，進行一系列的教學專案計畫。

但，這樣就夠了嗎？尤其當愈來愈多的個案，透過身心操演的課堂實做，學習與自己的身體、心靈對話後，視障者能突破視覺上的限制，練習以不同之感知感受身體周遭的事物。103年基金會進一步透過雅樂舞身心動態課程的實驗，中途視障者身心復元研究專案，再一次應證了這個古老的技藝，蘊含的能量之大、之廣。

沒有任何的遲疑，接著從「雅樂舞應用在中途視障者身心保健課程」

計畫，到「身鬆心空——雅樂舞身心動態課程」、障礙者身心復元計畫、「還原入雅——以雅樂舞作為障礙者身心復元之道」人才培訓計畫。一連串緊鑼密鼓的研究

雅樂舞身心動態課程學習分享座談會。

實驗，到人才培訓，到104年與輔仁大學社科院合作3年研究計畫「雅樂舞與文化創生行動研究計畫」。基金會徹底突破一般機構或單位所做的事，以教育入手，試圖從根改變，將雅樂舞的種子散播出去，希望為弱勢族群帶來改變的力量，協助他們掙脫命運帶來的——枷鎖。

一樁因緣，串起了所有的美好

　　誠如陳玉秀所說的，從還是個孩子時，就喜歡跳舞、練舞，她一輩子就是醉心於舞蹈的世界。早年大學時到韓國學舞，無意中接觸蘊含廣大精深的雅樂舞，這個從亙古流傳至今的舞蹈，原本是古人制禮作樂中的一個重要「儀式」，卻因為豐富的內涵，讓雅樂舞充滿了現代人所沒有的精神文化，也因此深深地吸引了她。

　　為了呈現出靜謐、唯美的雅樂舞，透過心靈的沉澱、安頓，讓每一個動作，肢體的運轉都是和諧地伸展、構成；陳玉秀進一步發展出以身體的中心軸作為開啟的概念，進而探索，瞭解人體身心、動態的本質。

　　原來以為是單純的舞蹈藝術，在陳玉秀發展出這一套方法後，成為可

黃圓珍（左立者）擔任「雅樂舞身心動態課程實驗於中途視障者身心復元計畫」課程啟業式主持人。

以幫助人調整體姿、收斂身心、安頓心神和舒緩身心壓力的最佳解決之道。透過基本功法的操演，用身體去領略與熟悉雅樂舞的基本身心元素，並且應用在日常生活的行住坐臥上，受益的，不只是一般人，更多的弱勢族群因此而有了不一樣的世界。

這點，夏林清深有所感。她的至親中，哥哥的小孩因車禍而昏迷，再醒來，已是腦部重傷兼多重障礙。為了這個孩子，從西醫到中醫，到傳統的推拿，幾乎是「無所不用其極」地想要讓這個孩子恢復過去的模樣。然而，所有的方法都用了，每次使用的藥量依然不減，肢體上的各種障礙仍然讓人看了不捨，尤其是堆積在心理上的壓力，讓孩子臉上笑容不再像過去那般燦爛。直到接觸雅樂舞，情況開始有了轉變。

「我是一步步看著這個孩子發生變化的，透過中軸線的理解運用，走路姿勢開始好轉。」她笑得爽朗，眉宇間盡是愉悅。她說，雅樂舞是斷裂的中國文化，她樂於接觸。親身的經驗，也讓她多年來不斷鼓吹陳玉秀進入輔大心理系開班授課。在歷經八年的邀約後，陳玉秀老師始於99~100年間於輔大心理所與夏林清老師共同開設「行動研究專題：雅樂舞的身心筆記」、「行動研究專題：身心復元協作方案」前後為期一年的課程。

在心理學的光譜中，輔仁大學心理所內部有一支屬於社會實踐取徑的心理學，而第一批進入雅樂舞學習的學生大多是與障礙領域相關之工作

114

者，或本身即是障礙者之學生，夏林清認為：「個人與群體的生命都是在多層次交相疊置的某個特定社會空間中發展的，這群學生之所以能夠在現代性生活席捲、已然斷裂的傳統、文化碎片下，持續且自律甚高，接上雅樂舞此一文化技藝的創發，進而紮實落定在實踐場域中，是因為他們將自身作為『卡榫』的行動實驗者，自覺地將自己卡入特定的社會處境內部」。

爾後，這些學生參與基金會的執行專案過程，看到基金會腳踏實地做事的一面。夏林清表示：「基金會有一種一、兩代白手起家、踏實家風傳承的企業家精神，願意持續捐款，贊助雅樂舞之三年研究計畫，具體走向師資的培養，讓雅樂舞的傳承稍微生根，落實下來！」種種因素，鏈結了彼此的緣分，透過雅樂舞，這一群人聚在一起，開始了夏林清口中所說「是值得做的事，就要繼續做！」的堅定過程。

因為雅樂舞，黃圓珍更能自在地使用導盲杖

回溯到源頭，基金會開始進行雅樂舞的一連串專案之前，沒有任何的貿然、躁進，審慎的評估，一步一步地開始，是基金會一直以來的堅持。其中，在輔大心理系攻讀碩士學位的黃圓珍擔任了關鍵性的角色。

在公開場合遇到黃圓珍，如果沒留意到她的白手杖，絕不會聯想到她就是位盲胞。現在的她，可以在人群中穿梭自如，在車聲鼎沸的街頭，她亦是泰然自若地移動，即使下雨，多了很多干擾聽覺的聲音，她也能微笑面對，這都是在接觸雅樂舞之後的發現與改變。

黃圓珍在國中時，被診斷出罹患「視網膜色素病變」，視力每況愈下，在積極尋求各種治療方法後，雖然保住了原來的眼睛樣貌，卻因為視力逐漸消失，必須完全仰賴手杖而產生了種種生活上的適應問題。「那

時候，我最怕下雨天出門。原來走在街頭，我就會因看不見而特別緊張，對於身邊周遭的各種情況，幾乎都是膽顫心驚的，可是一旦下雨，就不是小心、注意就可以解決了。」

但真正走入「黑暗世界」，是民國100年後的事。當時因突然而來的急性青光眼幾乎快將她殘餘的光影完全奪

陳玉秀教授（右2）與夏林清院長（右1）參加雅樂舞身心動態課程座談會。

走。急性青光眼的發作讓她眼痛得受不了，醫生宣告必須摘除眼球才能解決時，她驚怕，「雖然我知道這種遺傳性眼疾，最後還是會失明，可是失明和眼球整個被摘除，完全是兩件事，我無法接受！」

對黃圓珍而言內在其實是矛頓的，擔心不動手術會影響生活品質，及

林芳瑾基金會林芳寬執行長（中立者）於雅樂舞身心動態課程座談會中致詞。

另外一隻眼睛，這樣的擔心，同時也反應出許多中途視障者面對自身遭逢眼病時的恐慌。對多數人來說主流西醫的診治似乎是唯一辦法。

夏林清聽聞黃圓珍的情況後，在課堂的師生關係

中，推進黃圓珍朝向另一種有別於主流西醫「摘除眼睛」的方法。陳玉秀則以雅樂舞身心動態之原則教導她從日常生活作息、飲食，並配搭木針做為每日照顧及修復自身的方法。最後，黃圓珍順利度過急性青光眼之發作，並保住了眼睛，有感於此，她嘗試將此一方法推進與其有相類似經驗的盲社群。

而在103年因緣俱足下，基金會十分支持以雅樂舞做為中途視障者身心復元的實驗方案。剛開始，基金會的專案研究目的看似很簡單，就是對於後天盲者的生活重建。其中日常生活技能的訓練，包括食衣住行等，都是中途視障者最重要的學習課題。而手杖，是最為關鍵的一項。

「還沒接觸雅樂舞之前，多數盲胞夥伴，包括我都會因持手杖行動，身體常常會不由自主朝向右邊傾斜，肩頸易呈現緊縮的姿態，腳踝因此變形、腳趾無力的人更是多數。」黃圓珍輕輕訴說著的語氣裡，有著一種過往雲煙的淡然。

手杖的使用已是如此，更遑論種種生活中所帶來的不便。中途失明，意味著曾經歷過光明所帶來的便利與美好，且不說心中嚴重的失落感，因為視覺上的障礙，導致人際關係的受挫，甚至退縮，也讓中途失明者面臨了更多的心理調適問題。

然而，透過雅樂舞身心操演的課堂實作，藉由中心軸的概念運用，學習放鬆，安頓心靈後，感知身體的所有肢體動作。這麼一來，教導盲者如何使用手杖的定向行動訓練，不再只是制式化的練習，淪為表面技巧的運用，而是可以突破視覺障礙所延伸出的內在焦慮，更細微地察覺到身體周遭的狀況。

「更重要的是，不管遇到什麼情況，心是安定的。」黃圓珍強調，學習過程，會讓視障者感覺，自己的身心是更加靠在一起，進而積累更多的勇氣來面對視覺障礙的限制，重新擁有對自身照顧的能力與自信。

透過雅樂舞，展現在中途視障者身上的良好成果，讓基金會開啟了進入雅樂舞浩瀚的研究領域中。先以團體對話紀錄方式，呈現實作中身體感知的覺察，然後，作為實驗，納入日後提供相關視障者的教育範疇，或是視障重建服務單位的服務需求內容。總之，只要是涉及教育扎根的工作，從來就是基金會努力的重要目標。

內觀、放鬆，解開身心鬱悶的結

雅樂舞對於中途視障者的幫助，無疑地，更加堅定基金會發展的目標。

近百年來文化傳統的斷裂與失落，造成現代人失去與老祖宗一般順乎自然的身體樣貌。而現代化的生活方式，不管是3C產品的過度使用，或是工作壓力、人際關係的緊繃，更讓人的身體在日復一日，機械性的使用中，常因身心失調而引發各種身心方面的疾病。

「內觀、整體放鬆、局部用力、力量釋放到末端」藉由人體中心軸的概念，陳玉秀所發展出來的幾個要訣，應用於人體身心能量平衡的調整上，在臨床具有非常好的成效。具體來說，就是能夠將走路歪斜，傾向兩點鐘方向的身障者，透過長期的訓練與陪伴，協助其感知身體內部的中心軸，改以與地面垂直的方式行走。誠如夏林清所看到，發生在她至親身上的改變。

這一點，在網路上擁有眾多粉絲，長期投入高功能自閉與亞斯伯格領域中的卓惠珠（網友暱稱為花媽）亦是深有同感。她說，「當初我應邀前去參加雅樂舞課程時，剛開始很排斥，想說我又不會跳舞，而且還是個大舞痴，去了一定會很丟臉。」結果，臨到上課，她驚訝發現，現場她可是算最「正常」的人，身障者，譬如小兒麻痺患者的出現，整個顛覆了她對

雅樂舞的看法。

　　而且，雅樂舞對人產生的鉅大影響，還包括心靈上的修復。人體身心能量的迴路除與身體有關外，更與心靈的發展有很大的關連。某些人因長期身心的不適與部分社會大眾的誤解及偏見，容易陷入心情低落、鬱悶的狀態，日積月累下導致身心產生諸多問題。但，透過雅樂舞身心動態的操練與學習，是可以有效舒緩的。

　　「首先，你要把一切放下，沉澱內心。」陳玉秀緩緩說道，透過把眼球放在眼眶下方的「內觀」過程，人的思緒會慢慢由外在的世界回到自身的存在。她強調，意念的集中到整體放鬆的過程，不能因是模仿或是強行想要達到某種程度的動作或目標，而導致其他身體部位的代價或不適，如此一來，極可能造成反效果，引發不同的問題。

帶來一種通暢，一種情緒的流動

　　看似簡單的過程，長期跟隨陳玉秀學習雅樂舞，曾任於身心障礙領域工作長達八年的「雅樂舞與文化創生」行動研究計畫之專職研究員林紋琪，在她的碩士論文《就地戰鬥，與障/礙同行：帶著社會情感與身心量覺之實踐行動》表示：

　　民國99年，首次接觸陳玉秀老師解構雅樂舞、以中心軸的概念所發展出的身心自我覺察課程後，我的身心狀態開始有些轉變，在身體的操練與實作中，特別是肩胛骨頂地的動作，我總會湧上一股相當委屈、無力的哀傷，進而哽咽、大哭到不能自己，我從未經驗過這種「天崩地裂」、整個人幾近「瓦解」的痛哭，一開始我不以為意，直到第二次、第三次，我才驚覺這些情緒的引動可能與雅樂舞有關，在哭的過程中，我發覺原來體制結構中難解的問題，竟在我的身上留下如此深的刻痕，身體作為一個

容器，雅樂舞帶給我一種通暢，一種情緒上的流動與通暢。原來，平日在生活中所面臨的困境，以及隨之而來的感受都埋藏在身體裡頭，從未消逝，藉由身體上的放鬆，這些緊繃、壓縮的情緒竟瞬間浮現和出土，這身心的開展，也大大減低我在各式關係中的緊張與不安，進而有種「頂天立地」的踏實感，這種踏實感同時是身體上的，也是心理上、關係上的真實、不掩藏與偽裝。

民國101年重拾這門方法，除了勤加複習老師所教的動作，我最在意、最督促、最要求自己的是時時刻刻回到中心軸中，收斂自己的心神、意念，我發現「內觀」時「眼球放在眼眶下方」這個簡單到不行的指令，我卻做不到，在內觀的狀態中，我的眼球僅能向下看深 30°~45° 左右，之後便會不自主顫動和回彈，陳玉秀老師表示在臨床上發現注意力不足過動症的孩子，眼球是無法安放在眼眶下方的，我沒有注意力不足的情況，相反的，我是過度專注與執著，總會想一些工作上的事情、跟哪個人的恩怨、惦記誰誰誰，那些令人介懷的場景和話語，一遍又一遍、重複不斷放映，有時甚至可長達一個鐘頭，即便中途中斷，畫面仍會如影隨形、不時出現，直到記憶被時間沖淡，又或者被更激烈的新事件所取代，這個情況究竟持續多少年？我也說不上來，但身體始終有種沉重的感覺，似乎有什麼東西橫梗在胸口上，放不下也開不起來。

這種有強迫傾向的思考方式，亦即雅樂舞中所指稱的「單一、封閉式」的身心迴路，是在雅樂舞身心動態的練習下，逐漸化解的。進行身體

「雅樂舞與文化創生」期中成果發表座談會。

操練時，注意力會自然落到動作上，待動作熟練後，眼球放在眼眶下方，眼球看深的剎那，會停止思考，一開始大概只能維持半秒鐘，且是在意念的介入下，要求自己將眼球看深，慢慢的，時間越拉越長，也不再需要先前那般強力的控制，甚至進入了「身體不見」的狀態。

小小的一步，對個案是大大的進步與開始

　　民國102年10月，基金會贊助財團法人導航基金會，在舉辦的「還原入雅——以雅樂舞作為障礙者身心復元之道」的系列講座中，深獲障礙者、照顧者及工作者的肯定，接著，又進一步設計為期二十周的雅樂舞人才培訓課程。

　　基金會的不斷投入，肇因於實際接觸、合作後，透過實際案例，發現雅樂舞的驚人成效。其身心動態教學，對於發展遲緩無法站立的幼兒、因罕見疾病無能行走的兒童，或是因大腦運動區域受損導致身體張力過高或過低的腦性麻痺患者等等，這些年齡介於2~42歲不等的人身上，都可以明顯看出，在接受雅樂舞身心動態的訓練後，鼓勵下都能克服其先天或生理上的限制與困難，身體操作能力有很明顯的進步。

　　曾經，在基金會的積極參與中，103年特地將雅樂舞帶入精神障礙的日間服務及社區復健中心裡作實驗。其中一名年紀59歲的女性，長期滯留家中，幾乎與外界沒有太多的互動；在家，不是喃喃自語一整天，就是對著空氣尖聲怒罵或大笑。剛開始，她根本不願意進入團體與大家一同上課，終於還是透過雅樂舞身心動態課程，一步步，打開她的心靈世界，進而願意與人接觸，最後，認真投入並參與到課程結束。

　　這看似小小的一步，對個案來說，卻是大大的進步與開始。基金會堅信，罹患精神疾病者，也能透過別的途徑和方法，打開他的心靈世界，進而創造出障礙者與人互動的社會生活平台，而雅樂舞身心動態課程即是其中重要的一環。

林紋琪自承「阿聰之死」是她卯足勁迎向雅樂舞這非語言的學習最重要之動力。「我真的沒想到，領有多重障礙手冊的阿聰，根本不是心智障礙者。」她質疑道，一個智能正常的人，為什麼會被安置在心智障礙機構？到底是哪一個環節出錯？」這種制度性的錯置對人身心所造成的扭結，是林紋琪在此過程中深刻經驗到的，「作為在系統中行動的基層工作者，除了要能倒掛金鉤般辨識社會系統的作用力道外，如何在出手時能夠一步到位，看懂對方並在關係中『幫得上忙』，是我在阿聰逝世後的醒悟，也是我為什麼會專注投入這文化技藝學習的主因。」

想要幫助一個人，必須從「心」開始！

「古人身心安頓的生命哲學，與文化技藝的創發。」這段真實描述雅樂舞的話，是林紋琪學習多年的心聲。她自承，現在早已非當初的懵懂未知，而是卯足勁迎向雅樂舞這非語言的學習過程。

事實上，在雅樂舞身心動態教學拓展到疑似過動症、自閉症、精神疾病的領域時，常出現讓人驚喜的一面。古人身心安頓的生命哲學，卻對當代人類身心的問題有此助益，雅樂舞在陳玉秀老師的解構與重構下，有了新意，「這是一種文化智能之創發。」夏林清如是道。

其中，有位疑似注意力不足過動症的小六學童，在校成績不理想、無法專注，常需花數個鐘頭才能將作業完成。這樣的孩子，在班級導師的建議下，家人本來打算帶到精神科門診做進一步的診治。

令人意外的是，初次接觸雅樂舞身心動態教學，透過身心安頓的過程，這名孩子慢慢地，不僅能夠專注學習近一個半鐘頭，最後，還能完全依照指令進行動作的練習。而原本脖子前傾、駝背的情況，也在每次的吹氣練習中，整個人可以由駝的狀態，恢復了直挺；儘管，事後還是偶爾會

出現駝背的狀況，但，只要稍稍提醒，就能繼續維持良好姿態。

很多問題，包括發展遲緩、腦性麻痺、疑似注意力不足過動症、自閉症、精神疾病等等，目前都在雅樂舞身心動態教學中，積極地展開一連串的研究、實驗及操作，希望能帶給更多人幫助，為他們打開快樂的門窗。但一項研究，勢必得花費許多心血投入其中，若無人能接續實驗，上述令人意外的驚喜便無能延續，故人才的培育是目前最迫切的。

即使困難重重，仍然是義無反顧

人才是根本，想要永續，唯有從培訓更多的人才入手，才是真正的扎根之道。特別是在雅樂舞的領域，曾經失落了數千年之久，應用在現代生活，更有許多未解而亟待探索的一面，尤其是對於精神生活貧困的現代人而言，不只是身體的障礙，更多是心靈上的貧乏、困頓，對自身所產生的極大壓力。

儘管有感於雅樂舞的重要，對人產生的助益，但，不可否認地，光靠陳玉秀一人的力量，畢竟有限。即使這些年，她也傳授了不少學生，在基金會的立場，還是希望能盡可能促使這門古老的文化技藝讓更多人知道、並藉此幫助更多的人。

如何做？該怎麼做？教育，既然是當初基金會創立的重要起始點，應用在雅樂舞中，自是相同的道理。那麼，只要目標是對的，對基金會來說，當然就是義無反顧！

「還原入雅——以雅樂舞作為障礙者身心復元之道」的人才培訓課程，只是一個開端。當然，因為牽涉的範疇廣，不容易解決，尤其在身心障礙者的議題上，一個優異的社會福利基層工作者必須跨越原先社工、心理、護理、教育的背景，學習不同領域的專業知識，才足以面對、回應坐

林芳瑾基金會捐款贊助輔仁大學社會科學院「雅樂舞與文化創生」行動研究計畫，由輔仁大學江漢聲校長（中）代表受贈。圖中左起：陳玉秀教授、夏林清院長、林游梅創辦人、程怨人董事長、林芳寬執行長。

落在身心障礙者身上的複雜性。實施起來的難度之高，自是可想而知。

　　即使對一般社會大眾而言，能提升自我身心覺察，舒緩工作或生活所帶來壓力，或是協助家庭照顧者藉此釋放長年背負在身上的壓力與重擔，雅樂舞身心動態課程的傳承，亦是至關緊要。

　　「陳玉秀老師是耗費三十幾年的時間在學習，而我們卻只有短短幾年……」林紋琪的慨嘆不是沒有道理。更關鍵的是，蘊含著豐富文化傳統、先人智慧的雅樂舞，對於現代許許多多連書法都沒有接觸過的人而言，宛如撕裂的文化斷層，如何才能接續這屬於文化技藝的雅樂舞？

　　從根開始！基金會選擇一個最「笨」，也是最原始的方式。在人才

輔仁大學「雅樂舞與文化創生」行動研究計畫捐贈儀式。

培育的過程中,課程的開授,就是眾多令人「驚愕」的內容,從解剖學到南音、古琴、太極拳的學習,「我們都是以最高規格的方式去設計、規劃!」一切誠如沈莉眞所說。她強調,這樣的方式雖然需要花費更多的時間與人力,可是,效果卻是最深遠、也是最好的。

簡單的幾句話,卻是一連串複雜且耗費心力與金錢的過程,也讓夏林清十分感動。

基於此,夏林清笑著說,和基金會的一連串計畫,不僅是好的開始,更是未來值得期待的延續。

就這樣,這屬於傳承文化技藝的鉅大工程,在基金會的全力配合中,每年高達百萬的資金挹注以及人員的協助,雅樂舞身心動態課程開始了一段穿越古今的旅程。

雅樂舞的深度學習,跨接眾多領域

雅樂舞最重要的精神與方法「內觀,整體放鬆,局部用力,力量釋放到末端」,雖然只有寥寥幾句,實行起來卻十分不易。再加上對於中心軸

理論的陌生，以及與一般操練身心的方法有很大的不同，一開始，便出現了很多狀況。

因為太過緊張，意念無法放空，再者，又過於執著動作的正確性，反而讓自己的身心處於緊繃的狀態，這是最多人產生的問題。而且，針對身體各個局部作訓練與拆解時，因為得失心感到挫敗、困難外，來自身體的疼痛，也是一大問題。

為此，解剖的知識，瞭解人的身體結構，並進一步結合中醫的物理治療，經絡的傳導以及彼此的生剋，都成為學習的重要課題之一。事實上，雅樂身心動態教學一定會牽涉到人體複雜的動態構造，肌肉、骨骼、韌帶、筋膜等解剖學理，以及經絡等以身心作為整體的知識，如此一來，才能協助種子教師更細緻與準確地拆解雅樂身心動態的動作細節，以及動作操作過程中與身體動態架構的關聯性。

甚至，還因此延伸出讀書討論會，以雅樂四大原則為基礎，挑選解剖學、運動生理學、經絡學的相關書籍進行研討。「一窺中華文化那五千年來的沉重與神祕感，也因為雅樂舞身心動態可跨接到眾多領域的深與重。」林紋琪慨嘆道。不是因為雅樂舞身心動態可跨接到眾多領域的深與重，而是在傳統文化已然斷裂的當代，以及現代性生活的壓擠中，透過解剖、經絡的讀書會，增進身心的知識，並從中尋找與雅樂舞身心動態之對話。

除此之外，並透過古籍的閱讀與中國傳統文化的學習，提升對於中國古文化的認識與體悟，才能進一步領略雅樂舞的身體、中心軸理論，與中國各古文化之間的關連性。只有這樣，才不會淪為一種技術上的學習，而失去或遺忘雅樂舞的真正精神。

更關鍵的是，只有將雅樂舞的學習置於文化脈絡中，循著先行者的引領，進入古老文明中對於身心安頓的思維與智慧。學習者才能夠回到社會

內部，與不同的工作對象，進行雅樂舞身心動態的教學與實驗。

調音以調身心，南音的學習關鍵

研究過程中發現，南音的唸唱除與平日言談，肌肉使用的慣性有關外，亦與「腦後音」的共鳴，以及氣息在體腔內部的流轉有關。這部分，乍看好像和雅樂舞身心動態教學沒有什麼關連性，實際上，卻與雅樂舞身心動態中將眼球放在眼眶下方的「內觀」過程，有著密不可分的關係。

另外，透過練習紀錄，基金會亦希望能進一步從中提取方法，打造「調音以調身心」的重要關鍵，藉此發展出一條路徑，對更重度的臥床身障者產生幫助。

事實上，一般人熟知的南音，是具有歌詞的部分，是過去流傳於鄉野之間的通俗娛樂，但南音中的真正精髓卻是存在於純器樂演奏的「指」與「曲」。除了聆聽，還必須是心靈的交會與互動，有時甚至會因此進入「天人合一的恬靜狀態」。

這種過程，與雅樂舞身心動態的學習有極高的相似性，林紋琪就曾說道，「身心動態的學習中，曾經歷過由單純的身體帶動，躍入一種身體不見、圓融、美好的放空狀態。」她進一步指出，這種狀態也曾在接觸南音，有類似的撼動。

陳玉秀也曾說，南管的發聲、唱腔與腦後音有很大的關連，腦後音則與咽喉能否放鬆、啞門穴是否暢通有關。另，南音老師彈奏琵琶時，其手腕的能動與放鬆，完全符合「整體放鬆、局部用力」的原則。她強調，現代人在手部操作的過程中，肩膀常會習慣性用力，肩膀一旦用力，頭部便無法放鬆而容易僵硬，才會引發各種不適與疾病。

但，南音的學習，可並非想像中那麼容易，除了需要定期接受南音課

程，進行自主團練外，還需進入文獻的閱讀，才能對這一個文化技藝有較全面性的理解。因此，研究過程中，學習者還特別去探訪全臺閩南式建築保留最完整的縣市——金門，並受邀參與金門音樂節，考察當地的風土民情，拜訪當地南音耆老。

「我記得，曾遇過一對彈奏國樂琵琶的姐妹，她們能以極快的速度彈奏，手指撥弦之靈活，真的是前所未見。與南音藝術工作者較為鬆緩、沉穩的氣質，完全不同。」林紋琪解釋道。很多人學習國樂時，常被鼓勵要學習各種技法，而且越炫越好、越快越厲害。但在這過程中，很多身體都變形而不自知，相對地，旁人也只能感受到聲音和技巧，實際上，卻覺得空洞不悅。

「而南音講究的是身體放鬆，姿態的下沉穩重，彈奏出來的聲音是飽滿完整的，讓人有種如沐春風的愉悅。」林紋琪微笑說道。

在傳統文化中，諸如南音、書法、祭祀或其他眾多文化元素，其實都是造就一個人身心和諧的發展要訣。對照現代，不僅付之闕如，更嚴重的是，只把樂器或書法這一類的文化技藝，當成是考試項目，莫怪夏林清慨嘆道，這都是文化技藝啊！

練古琴、打太極，從「新」激起生命的力量

透過文化技藝的廣博與深遠，運用雅樂舞身心動態中的「整體放鬆，局部用力，力量釋放到末端，維持中心軸」等四大原則，其優異效果不言可喻，而古琴演奏時的身心原則，「神閒氣靜，心手自知」一如雅樂舞身心動態的領略。譬如彈奏古琴中「按欲入木，入木三分」的巧勁，正是考驗演奏者能清楚將力量釋放到手指末端，但，同時又保持手肘下沉放鬆，以及肩胛骨的靈活。

更遑論彈奏古琴時，進入一種「神閒氣靜，藹然醉心；太和鼓鬯，心手自知」的文化心性深度中，「人琴合一」的境界，讓古琴的學習，也成為身心動態課程規劃中的重點。

「但，真的是不容易……」面對這一重重，生活在現代，從未領略過傳統文化技藝的林紋琪來說，這一路的學習，幾乎讓她發出哀嚎。只是，收穫的滿足、帶來的助益，也讓她始終堅定信念，總在最後燦爛地綻出笑顏。

而另一個值得學習的文化技藝 ── 太極拳，對身障者的幫助更是顯而易見。下肢障礙者由於身體的不便，容易長期坐臥，不止運動呼吸量不足，還易導致身體累積沉澱濁氣；而太極拳中的盤腿而坐，不使用下肢，卻透過氣息的沉澱，掌握呼吸的節奏，進而將身體內的濁氣汰換掉。如此一來，也就可以提升身體的新陳代謝能力、免疫力了。

太極拳對於身體的好處，東西方的論文皆有印證。除了可透過姿勢與招式的工整到位，呼吸淨心的鬆緩律動，還有著調養心性、化除不良習氣的效果。這一點，夏林清亦深有同感，她自承美國求學期間，曾習得太極拳。

她喟嘆道，「冬天在樹林裡打拳，那種舒暢，天人合一的感覺，至今難忘。」如今談起此事，臉上依然是無限的緬懷與愉悅。

調身、定性、淨心、養息，讓雅樂身心動態課程與太極拳在相互運用、參照下，發展出的操作實驗中，基金會相信應能協助不良於行、久病在床者，身心的安頓與舒緩。這項構思，並預計在民國106年進一步創發和簡化，然後推動到老人族群，發揮更大的效益。

透過實作計畫，培育人才幫助更多的人

　　各種關於文化技藝的傳承與學習外，文化田野的探索性實驗，譬如「南音文化與田野研究」，以及解剖共學讀書會的推動，讀書會並以「身心知識閱讀討論」、「雅樂動態之教學設計」兩大主軸去進行，都顯示了基金會實事求是，做事精準的態度。特別是在培育人才的過程中，亦注重障礙群體身心復元的實作。

　　簡單來說，雅樂舞種子老師可依各自的專長與協作單位發展出實作計畫，工作對象共計有五大特殊族群，分別是：成年肢障、自閉、心智障礙、視覺障礙，以及疑似或確診的過動症學童。

　　值得一提的是，過動部分是中心軸理論首次運用在這個族群身上，是

為創新的實驗與設計。並以「老手帶新手」的方式，協助雅樂舞種子老師在實作過程中，累積經驗，活用中心軸理論，且能將相關的學習，帶回自身的實踐場域。

另外，從「雅樂舞與文化創生」暨「障礙群體身心復元」行動研究計畫，104年到106年的三年行動研究專案中，許多的個案顯示，雅樂舞身心動態的應用，確實為某些人創造了不少美好的生活，讓他們再次尋回失落已久的燦爛與快樂。

在這次的研究計畫中，有位已服用精神科藥物十多年的成年自閉症女性，長久以來，常不時出現大哭、吼叫的行為，日常生活中，包括上、下樓梯、穿衣服也都會產生若干問題，甚至出現自傷的行為，導致照顧她的人也十分辛苦，有時還會因她而受傷。總之，不管是當事人本身或是照顧者，其實都承受了很大的壓力。驚喜的是，在配合雅樂舞身心動態的練習，與精神科醫師的評估下，進行藥物的減量與調整，她的情緒明顯緩和、穩定，肢體的運用上也開始有些許的變化。

「當然，這還是要配合社福網絡與家人的支持，與他人的協助。」林芳寬笑道。只是這個過程，已讓基金會更加堅信雅樂舞除了能針對身體、生理功能進行介入，情緒的穩定，也有絕佳的助益。

在另一個個案中，有位身心障礙的照顧者，或許因為長久以來承受了太多的壓力，情緒十分緊繃，每天必須服用止痛藥以緩解頭疼與身心上的不適。學習雅樂舞後，他服藥的次數減低了，由每天一次到每兩周一次，身心的狀況有明顯的改善。林芳寬指出，這名照顧者有幸在基金會的贊助下接觸本次課程，可惜的是，仍有許多照顧者因生活的忙碌，根本沒有條件讓身心放鬆、復元。未來，如何透過人才的培育，讓雅樂舞種子教師進入社會系統中，協助更多的人，是基金會不斷在思考的議題。

累積能量，發揮更大影響力

　　所謂心動不如馬上行動！為古人身心安頓的雅樂舞，卻對當代的身心障礙者有如此大的助益，民國104~106年，基金會與輔仁大學社會科學院合作推動「雅樂舞與文化創生」行動研究計畫，展開的一系列計畫中，從研究、講座到人才培育，文化技藝南音、古琴、太極拳等的修習，甚至是解剖學等讀書會的推動。

　　並且，為了徹底落實，做到傳承過去展望未來的目標，基金會規劃將完成雅樂舞技藝傳承的工具書1~2本，以及一份影音資料。更重要的是，培養出雅樂舞種子師資10~15人，「讓這個重要的文化資產、技藝，繼續傳承下去，幫助更多的人。」

　　林芳寬指出，與輔大社科院合作之特殊性在於培訓的雅樂舞種子老師都是來自於社會內部與障礙族群，或是與底層人群一道前行的工作者。在歷經三年的培訓過程後，需能獨當一面，將這個源自於古老文化的技藝，帶回各自的實踐場域中，進行播種與深耕；另方面，滋養各個協作團體，發展學習社群，成為一股社會改革的力量。

　　另方面，輔仁大學社科院也向教育部申請「人文及社會科學知識跨界應用能力」課程改革計畫，擬於社科院開設長達一年的雅樂舞身心動態課程，並開放給醫學院、民生學院的學生選課。這也是之前所培訓的雅樂舞種子老師作為教學場域的實作課程，計畫上半年度以身心動態之教學為主，下半年度則以「身心復元」的實作為主。從教育、從根本，真正落實雅樂舞這項文化技藝。

發展障礙者社群關係，練習自主生活

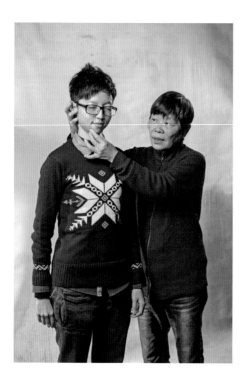

在這一連串的實踐過程中，推動雅樂舞身心動態課程、教學裡，104年「夏日‧自主‧生活營」的創新策劃，開始了以「混障」、「生活」、「自主」三大元素進行課程設計與編織，並在105年度突破傳統，首次嘗試將障礙者拉出去一同在外居住。而且，預定將採漸進式的過程，讓生活營的時間慢慢拉長，由一天到兩天一夜，再到三天兩夜。

在共同生活的過程中，一方面發展障礙者的社群關係；另方面，並希望藉此稍微脫離原先被家庭、機構照顧的依附慣性與生活方式，從中練習獨立。

對一般人而言，看似簡單的過程，對身心障礙者來說，卻是生命中的重大突破。身障者庭庭便說，「剛開始，真的有點害怕，因為沒帶過看不到的朋友或老師走出室外，但腦子沒想很多，就是試著對自己鼓勵說，『我是可以的！』」這句我是可以的，殊不知，對身障者而言，該是多麼大的感動。

「後來，我發現我做到了耶！很開心地傳個LINE跟老師說我辦到了，我把書法老師平安送到捷運站了，那時我了解到一支手杖也能幫助白手杖，也很感謝他們對我的信任。我深深體會到，我跟以前不一樣了，因為以前想去幫助人，結果反而是我被照顧，但現在我可以當一個協助者。」

這段出自庭庭內心深處的感言，足以說明舉辦「夏日・自主・生活營」的重要意義。

事實上，障礙者的社會生活，往往都只侷限在社會福利機構及家庭生活之間。如心智障礙者度過幼童時期的醫院鑑定後，就是早期療癒、就學進入特教班、資源班，等到十八歲啟智教育結束後，成年的人生大概就只有三種選擇。

進入低階勞動的就業系統中，也就是在一般性職場、支持性就業或是庇護性就業中。另一種是進入由政府委託的民間基金會、協會所經營管理的收容機構，包括日間照

顧中心、住宿型機構以及全日型機構。最後則是因經濟因素必須依賴身障津貼過活，又或者是被各大機構判定為有重大行為問題而列為拒絕往來戶，只得在社區中遊蕩度日。

不管是哪一種，很多障礙者長期處於被「安置」、「照顧」的思維下，易淪為被動、缺乏動能的依賴者，這是一個極為嚴重卻普遍的現象。培養自主的能力，因此成為基金會與輔大社科院合作發展雅樂舞身心動態過程中最重要的課題之一。

自主生活應用所學，快樂多更多

在「混障自主生活營」中，組成成員有肢障、視障與自閉症。因為混障（註：混合各種不同障別），在課程設計上難度自然較高，譬如主題課練習寫書法時，蒙上眼睛體會寫書法的感覺。明眼的障礙者便能體會同儕中盲人朋友的生存處境，同理心由此生成，進而跨越自身的障礙，從而願意自發性地幫助對方。誠如庭庭，透過書法課的練習，瞭解視障者的難為，進而主動伸出友誼之手。

當然，在這過程中，因為「看不見」下筆的力道、方位無法透過視覺的回傳而迅速修正時，深度的感覺，便得依賴雅樂舞身心動態課程中的修習，中心軸的運用。

提及雅樂舞的學習，庭庭幾乎是笑得樂不可支。他說，「學習雅樂舞後，我發現很多驚喜。趴在地上抓著桿幹，右手從15秒進步到30秒，並學會了用屁股走路，右腳能伸直用力壓球，腳掌能自己翹起來不必用手把他扳起來了。左腳大拇趾能欺負人了（捏人），走路時被凹凸不平的地板絆到，能穩固自己，沒有跌倒；走樓梯時，也能一氣呵成地從一樓走到三樓。」這一句句，洋溢在話裡的喜悅，只是一個移動、進步，哪怕只是一點點，都是那麼真心誠意的快樂。

「證明我是能辦到的，要繼續加油！」庭庭拍拍胸脯，再次大笑。

多數的障礙者，長期受家中的照顧和保護，從未做過家事，多數甚至連生活的自理都有困難。像庭庭這樣，透過實際與他人的自主生活，除了可以進行主題式的學習外，落實課堂上所學，並進一步將所學內容運用在生活中，那種快樂及滿足，絕非言語可以形容。

讓障礙者走入實際生活，練習自主，是基金會的努力目標。另方面，當然也是希望能藉此提升障礙者身心復元的能力，以減緩家庭照顧者的壓力。

延續雅樂舞文化技藝，幫助更多的人

　　對於雅樂舞，基金會是有更多的計畫與期待，因為太多身心障礙者因為它而綻開笑顏、打開心房。身障者澤澤，曾在參加「夏日自主生活營」時，說了這麼一段話，「以前，我並不會感覺身體的關節有在活動。現在練習時，我逐漸能夠感受到自己的關節在活動，發現腳竟然快碰到地板了，我真的超開心的，因為我的腳已經很久沒辦法伸這麼直了。上完雅樂舞後，我更加了解原來我有這麼多不同的方式，可以讓自己的身體動起來。」就是這樣的感悟，讓基金會一路義無反顧地支持雅樂舞身心動態課程的推動，希望藉由更多人、更多組織的瞭解，延續雅樂舞這個傳統文化技藝，幫助更多需要幫助的人。

陳沁慈、楊豫揚、劉敏、卓惠珠、張嘉容。（林聲攝影）

6.

他們的付出，更需要關注

——基金會動用龐大資源
幫助亞斯伯格照顧者

亞斯伯格症家屬支持專案（民國100年~）

是什麼樣的力量，讓這一群人結合在一起，只為一個共同的目標？在接觸林芳瑾基金會所全力關注的亞斯伯格專案中，不難發現涉獵其中的人、專業，簡直是以出乎一般人所想像的規模在運作。

光是民國100年規畫的「亞斯伯格」系列工作坊，「身心覺察」、「MUS-MOV（Music & Movement）親子營」、「家族排列」、「戲劇故事」等四個課程，專業的講師就有在雅樂舞中首屈一指的陳玉秀，中華奧福教育協會副理事長、亦曾發表「啟發音樂資優生創造力之統整課程」表現優異，榮獲教育部「96年師資培育典範獎」的音樂導師——郭芳玲，以及具備日本國立東京學藝大學臨床心理學碩士、近三十年助人歷程的家族排列治療師——吳文傑。

而且，為了活化課程，設計引人注目的內容，還有「水面上與水面下」劇團藝術總監，同時也是臺灣文建會赴法出訪藝術家之一的張嘉容。為

MUS–MOV工作坊。

了籌拍紀錄片，留下一步一腳印的故事歷程，鼓舞、影響更多的人，基金會還特別邀請到在廣電節目企畫與製作、多媒體節目企畫與製作中占有一席之地的導演楊豫揚，以及敬業文教服務兒童閱讀推廣講師，同時也是PHP素直友會（洪建全基金會所成立的讀書團體）種籽講師的劉敏從旁提供協助。

　　每一個人在專精的領域各司其職、貢獻所學，目的都只有一個，在盡可能的範圍內，幫助亞斯伯格的照顧者活出自己的人生，能像旁人一樣開心地綻放出笑顏的日子。

　　細細回顧當初基金會投入的龐大資源，讓長期在亞斯伯格領域中耕耘，素有口碑的花媽——卓惠珠也忍不住動容。她說，第一次聽到基金會

要專注於亞斯伯格族群時，她還曾勸他們「不要做啦！」因為當時人們只注意到自閉症，而幾乎被歸類在高功能自閉症的亞斯伯格族群不僅較少被外界關注到，牽涉的因素眾多又複雜，根本很難「介入」。

不過，等到她深入了解，知道基金會要投入的對象，其實是亞斯伯格的照顧者時，內心又是陣撼動。

不光是在全世界，在臺灣，投入自閉症領域的研究就有不知凡幾，而常被歸屬於高功能自閉症的亞斯伯

MUS−MOV工作坊。

格族群，國內專精研究者亦是不在少數，但卻少有人注意到承受很大身心壓力的亞斯伯格照顧者。

至今回想，花媽仍不覺感動微笑。

基金會從陪伴的家屬，也就是亞斯伯格的主要照顧者開始著手，與專家合作，先提供支持性的輔助團體。促使亞斯伯格症的家庭成員間的關係更好，溝通相處可以更融洽。然後，是四個亞斯伯格系列工作坊的推動，民國101年，基金會並與張嘉容共同推動一個戲劇計畫《你可以愛我嗎？》，同年5月基金會再發行《幽谷中的太陽》DVD，持續推廣關懷泛自閉族群。

一步步，基金會以顛覆傳統的思維，以愛為出發點，持續對亞斯伯格投入更多的資源，猶如「讓愛繼續滾下去」的活動，接著是融合電影元素的五場「由電影了解泛自閉及學習同理心」專題講座，以及一場「從觀看電影到書寫自己」的工作坊，並因此撰寫成《賞析電影與書寫人生》的活

動文集。

103年，基金會從主要照顧者到陪伴孩子，又擴散到關注成年泛自閉族群。透過《泛自閉人生的書寫課》這本書，集合的作者群，包括了家屬團的家長、手足、配偶，校園職場團的教師、主管，以及三位泛自閉成人現身書寫，讓外界得以更瞭解他們內心的奇妙世界，進而從中探索彼此間的相處之道。

104年，基金會更贊助出身於弱勢家庭生命狀態特別的亞斯青年畫家吳柏均，協助他透過對繪畫蒙娜麗莎的熱愛，勇敢追求對繪畫的熱情、擁抱人生的夢想，進而完成巴黎之旅。

這一切，都讓基金會和亞斯伯格族群締結了美好的緣分，愛──永不止息。

孩子不被認同，照顧者心力交瘁

近幾年來，亞斯伯格症雖然是很常聽到的「名詞」，但在基金會投入亞斯伯格族群的領域時，其實外界還是一知半解的狀況。最令人束手無策的情形是，大多數人認定亞斯是自閉症的一種，很少人願意公開承認自己

戲劇工作坊。

100年戲劇工作坊。

的親屬、自己的孩子就是其中的一員，可嘆的是，很多時候這還是遺傳自親族，尤其是父親那邊的症狀。

「那時，我接觸很多亞斯伯格照顧者，他們大多是媽媽，光聽她們講一路走來的艱辛，就很令人鼻酸。」當時在基金會擔任執行專員的陳沁慈輕聲嘆氣說道。

接著，她又以無比認真的神情說，擁有亞斯的孩子，媽媽所要面對的難題很多，除了要照顧的孩子外，更多還要承受來自於家族中其他人的不諒解。「有些父親不易承認和接受自己的孩子是亞斯伯格症，當父母因為孩子發生爭執，媽媽在身心俱疲下，較易產生離婚的念頭，甚至就走上離

AS助人工作坊。

婚一途。」

　　同樣擁有亞斯孩子的花媽，也曾說，「我跟我的先生，在教育理念上不同，而我幾乎是被指責的一方。相信很多人可以知道這種感受……我覺得那是一個身為母親最大的悲傷。」

　　花媽自承，也曾走過一段備受艱辛的歲月。她曾感慨說道，「在我的孩子拿到診斷時，即便醫師已經給他手冊，我都不接受，我很希望是醫生誤診。可是事實證明，這個確實是一種障礙，這樣的障礙要有一些方法才能夠處理。」回首那一段過程，花媽眼眶泛紅。

　　曾經，在基金會經手的案例中，有位亞斯兒媽媽，帶孩子參加莊嚴的活動時，孩子因故情緒失控，在肅穆的儀式中滿場飛的叫鬧，媽媽覺得無地自容，一時不敢承認自己的孩子。如此沮喪的故事，其實在亞斯兒的家庭中比比皆是。

AS助人工作坊。

因為不瞭解、不知道該如何處理，孩子過得辛苦，照顧的人像是背負了原罪，過著艱辛的歲月，一路的如履薄冰、戰戰兢兢，絕非不曾經歷過的人所能想像。如果再加上沒有親人的支持，心力上的交瘁，自是可想而知。尤其這樣的角色——主要照顧者，通常都是媽媽居多。

一個女人結婚後，要面對家庭、婚姻所帶來的考驗，兩家人不同的生活習慣，也要調適，再加上工作、生活，本來承擔在肩上的壓力已不小。如果自己的孩子又是特殊兒，譬如亞斯伯格症，日子就絕對不是「艱辛」這兩個字可以輕輕帶過。

異於常人的固執，非一般人可理解

「其實，亞斯的孩子都很善良，也充滿愛，只是他不知道如何表達自己的情緒而已。」這段話，花媽自承也是走過一段坎坷的過程，才體悟出來的心得。

是的，亞斯的孩子只是思考邏輯和一般人不同，更實際上來說，應該是說和世俗的標準不同。譬如花媽有次因車禍受傷住院，孩子不來看她，長大後又在某天說了句，「媽媽我跟你只有血緣關係」乍聽，或許令人覺得悲傷，好像無情。

《泛自閉人生的書寫課》新書發表。

　　事實上，那單純只是一種直接的感受，沒有任何「世俗」、「矯情」的成分。猶如嬰兒時的孩子，肚子餓了就是餓了，他不會管那是在哪裡，什麼時間，如果因此認定他是不懂事，會找麻煩。不管對孩子或是大人而言，都將造成傷害。

　　經過多年的接觸、瞭解與探索，花媽自然知道亞斯伯格孩子的特性。但更令她心暖的是，自己的孩子從小到大非常厭惡醫院，而如今他是克服了怎樣的心理障礙才能走進一間對他來說宛如「夢魘」的地方。

　　想通了，就不覺感動……花媽不覺哽咽低頭。

　　又譬如陳沁慈曾親眼看過兩位亞斯伯格孩子的互動過程。「基本上，有些亞斯的孩子有身體觸覺防衛，因此不喜歡肢體上的碰觸。」有次上課時，一位孩子翻找畫筆，苦惱沒有他所想要用的顏色，正在發愁，旁邊的

AS家族排列工作坊。

孩子看到，下意識拍他肩膀想要安慰，沒想到，這個舉動馬上被對方反手抗拒。

「這麼一來，想要安慰人的孩子，也沒有多想，立即伸腳過去『反擊』。」結果，在大人眼中，最後就呈現兩個孩子「互毆」的狀況。陳沁慈嘆口氣說道，亞斯的孩子想法很單純、動作也很直接，但有時候就是太直接了，少了世俗的所謂「貼心」，因而產生很多的誤解，和需要被理解的部分。

照顧者，可以想方設法地理解自己的孩子，去照顧他。問題是，亞斯的孩子還有個很大的特點，就是──固著性。這個固著性，固執到什麼程度，絕非常人所能想像，如何因應、面對、處理，對所有的照顧者而言，更是一大考驗和挑戰。

卓惠珠女士於「新書發表暨圓夢分享會」中分享家有亞斯兒的心情故事。

陳沁慈舉例說道，「如果一般人刷牙時，牙刷掉了，最多就是彎腰撿起來，沒什麼的。但對亞斯的孩子來說，那可是很嚴重，他會對著牙刷又叫又跳，甚至一再搥打自己的頭，就是不知道該怎麼辦，只因為這脫離他的日常『常規』，掉落地上。」強烈的「固著性」，讓亞斯人總是一再重複地做某件事情，也因此讓照顧者必須花更多的心力去溝通。

她也曾看過一位成人拿著厚厚一疊的遊戲機人物畫卡走在路上，因為數量太多，不小心掉落在地上。「他就當場大哭大叫，顯然無法面對如此『慘烈』的狀況。」陳沁慈略有所思的表示：「我當時猜想，他或許是亞斯人。」

而劉敏在和亞斯的孩子接觸過程中，也常發現這樣類似固著性的狀況。「他們到底有多固執？」她說，亞斯的孩子相對於普通兒童而言，也會顯出非常挑食的特質。

「我曾目睹一位亞斯的孩子，因為不喜歡吃蔬菜，他媽媽非常費心地將食物打成泥，想讓他吃。剛開始他沒發現，大口吃下，吞到口中，驚覺裡面蔬菜的成分，第一個反應是馬上吐到手上，然後細細看、細細挑出蔬菜。」

可以想像得到這個畫面嗎？可以想像得到這位媽媽有多無奈嗎？對於

一般孩子來說，可能就是直接嚥下，或者是乾脆吐掉，不吃。但媽媽這麼煞費苦心煮的料理，可想而知，就是為了讓孩子吃下，而且一定是用他喜歡吃的料理方式去烹煮。只是孩子雖然喜歡吃，就是堅持，即便所有食材都混成在一起，他依然堅定不吃就是不吃的態度。

因此，長期照料亞斯的媽媽，身心俱疲的程度，絕非旁人所能想像。

照顧亞斯孩子的媽媽，忘了自己的存在

深深感受亞斯家族的無奈與無助，基金會當初幾乎是義無反顧地投入，而且一開始就是鎖定照顧者。「不管是自閉症或是亞斯伯格，社會上已有太多關注的目光，可是又有誰想到照顧者的辛酸，他們背後所付出的辛苦，尤其這些很多都是媽媽。」執行長林芳寬以堅毅的眼神說道。

只是，從基金會開始籌備關於亞斯的議題，預定開設工作坊協助照顧者時，起初，即使事先已經做好所有的萬全準備，還是面臨了幾乎沒有人來參加的窘境。「我清楚記得有一次和執行長兩人坐了許久，我們都沒有說一句話，最後你看我、我看你，久久才說，萬一到時候工作坊的課開不成該怎麼辦？」

不考慮成本，完全是以能不能達成預期效果的工作坊，雖然在人數上，本來就有一定的數量限制，不能太多。但以陳玉秀所開的「身心覺察」來說，她強調，「至少要六個人才可以，有互動，才會產生效果。」依然需要有基本的人數參加。

問題是，眼看時間一步步逼近，棘手的情況還是沒有改變。到底是為什麼？深入探究原因，其實，又是一連串讓人揪心的過程。

「忙著照顧孩子，根本抽不出時間來參加。」陳沁慈調查後發現。「怕曝光，怕被人知道自己有亞斯的孩子，丟臉！」這是一種情況。要不

AS工作坊於華視攝影棚錄製《幽谷中的太陽》紀錄片。

就是為了孩子早期職能治療的時間與工作坊時間衝突，而無法參加。

陳沁慈說，更令人不捨的是，更多的亞斯媽媽在忙著照顧孩子的同時，早已忘了自己的「存在」。「啊，這是為了我們開的課程，不是為了孩子？」被詢問到的媽媽，一聽到基金會的出發點是為了她們，很直接的，就是搖手拒絕。

換句話說，如果為了孩子，她們願意來，不是，那就等以後有空再說吧？多麼卑微的心態，卻又是多麼可敬的精神。陳沁慈至今回想，仍是不勝唏噓，為之心酸。

點點滴滴與無奈，讓基金會立意良善的工作坊幾乎面臨了無法如期展開的命運，最後，是花媽站出來提供協助。

花媽因為自己的孩子是亞斯伯格，曾經歷過一段很長的煎熬過程，曾經想了結生命，也曾走不出來，「直到有天看到女兒的背影，發現我可能已經有三年沒有好好看她的臉，她怎麼突然長這麼大了？她怎麼突然變這樣了？」這一次的醒悟，其實是她經歷了為兒子奮戰，單獨面對亞斯孩子的困境，又要接受現實生活的一切考驗和磨難時，她遭逢重大車禍後，首次真正的覺醒、注意，自己還有另一個孩子的事實。

這些，就像道道的傷口般，在她身上劃了又劃。無奈，在先生也疑似是亞斯人的狀況下，她根本沒有任何的援助，只能在那個網路崛起的時候，靠著在網路書寫部落格，抒發心情。就這樣，在網路上，她無意中凝聚了一大批，同是亞斯家族的人。他們一起悲傷、一起哭泣，然後相互打氣，再一起去面對孩子，解決難題，每天過著周而復始的人生。

AS工作坊於華視攝影棚錄製《幽谷中的太陽》紀錄片。

當基金會透過網路和花媽接觸時，她坦言，第一個反應就是，幹嘛要做？不管是自閉症或是亞斯伯格，有太多單位、機構介入了，更何況——花媽突然正色道，「每一個亞斯伯格的孩子都是獨一無二的個體，怎麼提供協助？要量身打造嗎？那工程豈不浩大？」

經過基金會的詳細說明，花媽懂了，原來，所有的課程、所有的協助，不是針對孩子，而是照顧者——媽媽。說不上當時的心情，從有亞斯

AS工作坊工作夥伴於華視攝影棚內合影。

的孩子以來，不只花媽，所有和她有相同狀況的媽媽都一樣，從此以後，整個世界翻轉，不只媽媽的眼中只有孩子，旁人也只會針對孩子的狀況，去評論這個媽媽如何，「你的孩子怎麼這樣？」「你的孩子打人。」「你應該管好你的孩子。」種種的言論，都圍繞在孩子身上，讓人根本忽略了他們的旁邊還有媽媽這個人，或是照顧者。

「從來沒有人做過！」花媽嘆口氣，凝視著遠方的眼神，久久沒有收回。

開設工作坊有系列規劃，進入亞斯伯格的心靈世界

「我們現在就是要一個集體守護的力量……。在我生命的成長過程中、我孩子的成長過程當中，我們收到很大的幫助，都是來自於那些非親

非故的人、那些老師、那些在你身邊有隱形翅膀
的天使。」這是曾經埋藏在花媽心裡，一段最深
的感觸。

　　或許因為長期照顧孩子，或許經歷過太多
的成長傷痛，其實，在花媽肩上有太多的壓力
及許多人看不到的淚水，「知道有家族排列這
樣的工作坊時，其實，剛開始一直不太想去面對。」

　　雖然透過花媽的協助，陸續找到人加入工作坊，成就了基金會順利
推動亞斯專案的一系列計畫，花媽自己也理所當然地成為其中的一名參與
者。但，此時此刻的她，雖然透過電腦，成為網路世界中的著名亞斯「代
言人」。「能做什麼？該做什麼？我也不知道。」一個人的力量到底能發
揮到什麼程度？特別是當時的花媽，自己也有許多難解的習題。

　　家族排列（Family Constellation），是由德國當代心靈療癒大師伯特．
海寧格（Bert Hellinger）綜合多種心理治療取向所發展出來的一種心靈工作
法。海寧格發現每個家庭都會隱藏著一股無形的力量，並深藏在家庭成員
的集體潛意識中，間接或直接地影響家庭中的人。特別是家庭中所發生的
負面事件，譬如：家庭失和、身心疾病、自殺、傷害意外、暴力犯罪等，
都會成為這股力量。而且，有時候這些事件還會重複發生，甚至延續到下
一代。

　　家族排列的功能，就是要協助人辨識家庭背後的這股力量，然後藉由
一些方法，重新釐清。換句話說，就是協助參與者找出困擾自己的源由，
進而釐清，去面對。

　　而身為主要帶領者的吳文傑，日本國立東京學藝大學臨床心理學碩
士，有將近三十年的助人歷程，包括921災後心理重建工作、青少年犯罪
社工等。在家族排列上，他累積了不少豐沛的經驗。「不過，踏入亞斯

吳文傑老師於家族排列工作坊授課情形。

伯格的領域，卻是第一次。」回憶起與吳文傑的結識過程，林芳寬淡淡笑說。

　　時間回溯到數年前，早在基金會執行一系列的亞斯伯格症家屬支持專案前，林芳寬因為對於心理健康的問題有諸多涉獵，接觸了家族排列，也認識其中的佼佼者吳文傑。得知他想要踏入亞斯伯格族群的領域，運用家族排列釐清照顧者的情緒，進而對他們產生幫助，並有意藉由和基金會的合作提供更多協助時，林芳寬二話不說，一口應允。

　　「事實上，那也是我第一次接觸到亞斯伯格症，之前，我僅有在德國求學時，有聽過這個名詞。」此時的亞斯伯格症，對林芳寬來說，雖然還很陌生，但反而更引起她的興趣。書本、網路上的介紹，只是開啟了一道門，她四處找資源，尋求協助，問專業醫生，只要任何可以幫助她更加瞭解亞斯伯格領域的人也好、資源也罷，她從不放棄。

　　瞭解的愈多，愈加堅定基金會發展支持與協助亞斯伯格症的一系列計畫。就這樣，從家族排列開始，深度探索家族關係對孩子的影響，特別是

家族中的重要事件，以及那些在家族中被排除在外、貶抑或遺忘的人與亞斯伯格症孩子的關係。

透過這樣的方式，協助亞斯伯格族群的家屬了解，自己的孩子跟別人不一樣，不代表這是一個問題。重要的是，差異性是一種特質、一種資產，父母不用因為有這樣的孩子而感到「丟臉」、「羞恥」，家裡有亞斯伯格症的孩子，不是誰的錯，不需要怪罪自己或他人。

總之，就是透過一系列而有系統的規劃，進入亞斯伯格症的心靈地圖——你到底在想什麼？更重要的是，協助家屬更容易進入亞斯伯格孩子的心靈世界。

從無力到充滿希望，找到快樂的鑰匙

在亞斯伯格症中，家族排列只是一個開始。「所有的因緣串成，匯集成一個巨大的能量，我們知道自己的能力有限。但至少期望在有限的能力中，發揮到最大程度的影響力，讓人們注意到社會上有這樣的問題存在，還有一群人需要我們的幫助。」林芳寬堅定地表示。

其實，所有的善念匯聚，然後發展，起初也都只是一個小小的事件。隱藏在臺灣眾多角落中的一樁。

在基金會起心動念，於民國99年開始，積極辦理一系列亞斯伯格家屬的家族排列及助人者工作坊，全都肇因於花蓮的一所小學。學校裡的亞斯伯格孩子因為與眾不同的行為，無法融入學校生活，儘管當地校長張世璿非常有心想要解決，無奈在當時亞斯伯格症普遍沒有人特別注意的情況下，當地相關資訊甚少。

張校長非常有心，他努力且積極地與臺北當地的資源聯繫，找到了吳文傑，這才有了家族排列工作坊的首次展開。「半年6場，從花蓮開始，

身心覺察工作坊於林芳瑾基金會五週年慶音樂會時的演出。

身心覺察工作坊於林芳瑾基金會五週年慶音樂會時的演出。

每次都是小學生的家長來參加。」林芳寬緩緩述說道。

猶如破天荒的創舉，很快地，在各界引起廣大的迴響。可是直到100年的亞斯伯格系列工作坊的展開，以身心覺察、MUS-MOV親子營、家族排列、戲劇故事等四個課程為主軸的工作坊，還是遇到了前所未有的阻力。

由此可知，在亞斯伯格症候群，尤其是其家屬身上到底背負了多大的壓力及艱辛。在身心覺察中擔任「導師」的陳玉秀每次上課，都忍不住一再提醒，嘆息道，「你們都太緊張了……太緊張了。」

「剛開始上課時，絕大多數都是媽媽。她們來的時候，可以明顯看到她們非常憔悴的模樣，上課時，很多人都會不自覺捏緊了拳，手都緊緊用力著。」回想起當初上課時的模樣，陳沁慈忍

不住心疼。

花媽則自承，起初她也是非常排斥，想到自己從小就肢體不協調，跳起舞來，同手同腳的糗樣，「我怎麼敢去？」她大嘆，不管是MUS-MOV音樂與律動、身心覺察或是戲劇工作坊，她光聽到名字，就是心生畏懼。「沒想到，當我終於鼓足勇氣去參加時，竟然發現大家的『情況』都沒有比我好到哪裡。」

花媽的「覺悟」，誠如其他參加者的心聲。這一系列的課程，其實就是透過各自在專業領域上學有專精的人，經由他們的協助、啟發，探索自己的生命歷程，進而得到幫助。

張嘉容的專業領域在戲劇。在為亞斯伯格家屬量身打造的課程中，她藉由戲劇的方式協助他們放鬆身體、抒發情緒，最終獲得陪伴孩子的全新能量。「事實上，戲劇的表演是包含了很多探索自己內在情緒的過程。每一種方式，都可以帶來不同的心理感受，讓自己緊繃已久的心靈獲得舒緩。」

很多人對於戲劇表演，常有種刻板的印象。張嘉容笑說，戲劇的表演其實包含了很多有趣的元素，譬如透過即興的自由舞蹈，放鬆身體，尤其是藉由動作的趣味性與多樣性，釋放累積已久的壓力。其中，以戲劇的

技巧引導參與者「說自己的故事」，分享與亞斯伯格症有關的生命經驗，並藉由彼此故事的交流來產生相互支持的力量，或是透過劇場的音樂、影像、燈光、舞台來感受自己與彼此的感動。

「剛開始，參與者可能會不敢上台，不敢表現。但，戲劇有很多面向，可以透過引導，一步步打開心防，解除壓力。」張嘉容強調。

融合不同元素，引導亞斯孩子與人溝通

在教育、關懷、希望的理念中，從民國95年基金會正式成立以來，始終以多元、創新、人文的形式來推展各項慈善工作，在亞斯伯格的領域中，尤其明顯。透過各種不同、創新的引導，譬如音樂、舞蹈、戲劇、寫作等等各種方式，可以說是顛覆許多人的傳統觀念，只要有一絲希望、只要有一線可能，能提供協助，正面的影響，基金會就會義無反顧地去執行。

過去，家族排列常被運用在身心障礙者的範疇，雅樂舞則是古老的文化技藝，戲劇則是看似光鮮亮麗者的表演舞台，可是在基金會，都有了更多不同的新意。

陳玉秀在帶領身心覺察的課程時，沒有任何框架、沒有任何的限制，她只讓所有的參與者先靜下心、關照自己。看似簡單的一件事，對於亞斯伯格的家屬而言，該有多大的困難，從照顧一個與眾不同的孩子開始，所耗費的心力和時間，讓她的眼中、心中根本僅有孩子而已，要做到靜下心，談何容易。

可是透過陳玉秀的協助，以及課堂上一對一的輔導，他們真的做到了。事實上，在基金會的一切精心設計中，都是希望家屬在歷經各種團體課程後，能先懂得放鬆身心，照顧好自己，誠如劉敏所說的，「有快樂的

101年5月12日(六)《幽谷中的太陽》紀錄片,於誠品書局敦南店B2視聽室舉辦首映後公播,華視頻道並以特別專題報導方式播出。

媽媽,才會有快樂的孩子。」

　　累積多年的經驗,很早就在花蓮協助陪讀媽媽的劉敏淡淡笑道,譬如為了亞斯兒／自閉兒所設計的暑期親子創意營,在基金會耗費許多心血與時間的策劃下,以繪本故事《卡夫卡的變蟲記》為主軸,在應用戲劇和各種有趣的肢體遊戲互動中,不僅引領家屬展現更不一樣的創新思維,更重要的是,藉由他們的改變,也影響到孩子,協助孩子打開心靈,走入更不

一樣的亮麗世界。

「我們在孩子小的時候，就會透過很多肢體上的互動，以及有趣的遊戲，譬如爸爸是公車、大石頭等角色扮演的方式，激發孩子的潛能。」劉敏以自身經驗舉例說道。

換言之，就是藉由創意營的設計，促進親子間的互動，在共同的創作活動中產生不同的溝通方式，進而引導家長發現孩子多元的潛力。課程結束後，還會帶領家長做課程上的回顧檢討，以提供家屬觀察孩子與自我檢視的機會與職能。

「基金會真的非常有心！」劉敏笑道。一個看似簡單的創意營，卻包含了這麼多的元素。而且，還透過這次機會，深入當地培育了更多的種子志工，從點到面，在社區發揮更大的力量，讓人瞭解如何和亞斯兒互動，和泛自閉孩子相處。

值得一提的是，這次工作坊中的MUS-MOV音樂與律動，是特別融合本世紀五大著名音樂教學法中：達克羅士（Dalcroze）的「肢體與節奏教學」、高大宜（Kodaly）的「歌唱教學」、奧福（Orff）的「樂器與即興創作教學」、戈登（Gordon）的「音樂預備聽想」等四大音樂教學方式，透過音樂與律動，啟發孩子的MUS-MOV溝通方式。

美國哈佛教育心理學博士迦納（H. Gardner）曾在《智力架構》（*Frames of Mind*）一書中指出，「每個人較弱的及尚未被啟發的智能，能透過較強或已被開發的智能影響並連結與啟發」。同時，他也發現「音樂智能和肢體律動智能」是所有智能中最容易被啟發的，並且，也是最容易連結與啟發其他智能。再加上，相關研究指出（Wing ,1981;Dunn et al.,2002），亞斯伯格症的孩子多數是右腦及前腦葉有問題，而右腦即是掌控音樂、藝術的學習及情緒管理能力。

因此，透過這樣的學習，提升孩子的感統能力、改善孩子與人溝通

的方式，以及社會互動，協助孩子作情緒管理，降低焦慮、沮喪、孤獨等等，亦是件重要的過程。總而言之，音樂律動課程不是想要提升孩子個人的音樂或舞蹈能力，而是引導孩子透過另一種語言方式Mus-Mov與人溝通。

一切的作為，但求外界溫馨的關注

在基金會，幾乎沒有什麼是不可能的事，只要是為了社會關懷、回饋社會、扶助弱勢。而且，重點是，從來沒有任何限制。

林芳寬笑說，「我們知道自己的能力有限，規模也有限。所以，我們會先找出問題，發掘事情的真正關鍵，然後再藉由贊助與辦理活動引發關注，匯集能量，讓議題發酵，同時喚起人們的重視，對弱勢族群的注意。」

在這樣的前提下，除了工作坊等各種專案活動外，《泛自閉人生的書寫課》新書發表會暨「鋼索上的企鵝」生命圓夢分享會，也是與眾不同的一種方式。因為可以讓老師、學生及家長瞭解泛自閉及罕見疾病的族群，以包容、關懷的態度讓校園充滿人文教育的精神；同時，運用社會資源及慈善人士的共同參與，從校園到社會各階層，共同協助極需關懷與幫助的弱勢族群，發揮大愛與慈善精神。

那麼，即使是會讓人訝異的規劃，有別於一般慈善團體的作法，基金會仍是堅持。

而紀錄片、影像的傳遞，或是舞台劇的呈現，也是同樣的道理。「我記得，剛開始那些來上課的媽媽出現時，總是一副辛苦、憔悴的模樣，不敢上台，更不願意在鏡頭前露臉。可是課程結束後，再看到那些紀錄片，轉變之大，真的很讓我們這些陪伴他們走過的人感到欣喜。」陳沁慈一字一句地述說，並帶著滿心的喜悅。

101年劉敏老師於身心覺察課程帶領團體情形。

　　雖然，在這個過程中，是可以一點一滴感受到所有參與者的變化，可是透過鏡頭的呈現，尤其基金會尋覓到的人才，還是善於捕捉人的情緒、長年拍攝紀錄片的導演——楊豫揚。他熟稔的運鏡，不光只是將工作坊中的課程全程作影像紀錄，民國100年底家屬工作坊紀錄片《幽谷中的太陽》，一個又一個的故事，溫暖人也感動人的變化，都在這一幕幕的呈現中，流露出渲染人的力量，傳遞給更多人瞭解，協助了更多的亞斯伯格家庭走出來。

　　而101年一月的《天使飛過——亞斯伯格舞台劇》的演出，生動而活潑的表演，引發的關注亦是不少。一切的一切，只是希望能幫助亞斯伯格

孩子，得到更多的了解與更友善的對待，「許孩子一個不一樣的未來！」林芳寬說。

其實，只是101年的亞斯伯格家屬支持專案中，就有戲劇故事培訓工作坊、互動式劇場《你可以愛我嗎》、《幽谷中的太陽》紀錄片、亞斯兒／泛自閉兒親子創意營、啟發泛自閉兒創意種子帶領者工作坊、公益宣導影展計畫──自閉症電影系列「賞析電影與書寫人生」、出版紀念專書，以及花蓮及臺中地區亞斯伯格族群支持系統計畫等等。在亞斯伯格族群，基金會可以說是傾全力挹注資源，給予百分百的支持。

自閉家屬們的心情及處境，在基金會的努力下，也引發了外界普遍的關注。而一切的一切，也就像是蝴蝶的漣漪效應般，大幅地擴散出去。

在一次亞斯伯格族群的公開聚會中，一位來自花蓮的媽媽說，「以前總聽人說，花蓮的亞斯伯格症很少，事實上，怎麼會少？那是因為原本在花蓮的，有能力的、有經濟基礎的，都為了孩子而移居到臺北，留下來的，就是屬於經濟較弱勢的，既是如此，他們又怎麼會有能力對外發聲，讓別人知道他們的存在，當然大家就以為花蓮的亞斯伯格孩子很少。」

說到激動處，這位媽媽忍不住哽咽道，「但，現在不一樣了。透過基金會的協助，我們現在也可以回到花蓮了，不用再離鄉背井，再到臺北找資源了。」說完這段話，這位媽媽潸然落淚。

從泛自閉到亞斯伯格 ，關心一直都在

其實，基金會雖然努力於亞斯伯格族群的「被看見」，但對於泛自閉者的關心，從來也沒有少過。譬如在公益宣導影展計畫──泛自閉症電影系列，即有關懷泛自閉族群系列活動「賞析電影與書寫人生」；五場講座，以泛自閉的相關電影為題，探討「診斷」、「療育」、「自閉兒自我

成長」、「親子關係的成長」、「學習同理心與尊重」。而相關的心靈書寫工作坊，則是以家屬、助人者為主軸，找出在電影中所呈現的元素，相互討論，激發靈感，從事集體創作。

或是102年度身心障礙者培力補助計畫，這是弱勢家庭自閉症及身心障礙兒童的療育補助計畫。事實上，根據研究指出，發展階段中的能力不足，就有可能導致成年後產生許多的問題，若不即時處理，更可能進一步導致社會問題，療育的重要性可見一斑。

所以，透過這項計畫，協助有需要療育輔助課程卻又負擔不起費用的家庭，特別是針對自閉症為主的身心障礙孩子，期待他們能順利進行必要性的職能治療與學習。當然，同時也會針對其他，因各種因素導致無法負擔必要性療育課程及學習課程費用的身障孩子們，提供他們良好且適合的協助。

可貴的是，一如基金會幫助人的初衷，這項補助，也不會侷限於福利身分別，主要是綜合各種考量，家庭的經濟狀況及支持系統。

更重要的是，還有許多資源，特別是針對許多無法得到政府補助的項目，也就是一般自費的部分。基金會囊括更多元、更專業的課程內容來補充目前療育課程的不足，旨在協助這些身心障礙的孩子。透過療育課程，能在認知、感覺統合、人際互動等各方面的障礙，獲得明顯的改善，建立自信心，以及與家庭產生良好的互動關係。

散播愛心種子，四方落地生根

正因為基金會始終秉持「給予的，一定要是需求者所真正欠缺的」。基金會在亞斯伯格族群中的種種努力，就像一個又一個的種子，紛紛在各地落地生根、發芽、茁壯。

以花媽來說，她自承以前也不知道自己能為亞斯伯格人做些什麼？她個人可以發揮什麼力量？可是經由這次的經驗，她不僅有清楚的認知，對未來更有明確的規劃。

目前，透過「幫助高功能自閉與亞斯伯格」及基金會的臉書社群報導，可以迅速提供臺灣本地，甚至是海外的家長及關心人士看到活動的內容及訊息。其中，最重要的意義是讓社會大眾能多認識泛自閉族群，並提供給亞斯伯格家庭在親職教育、診療的領域中，能重新思考「真正適合孩子的部分」。

另方面，現在在花蓮及臺中地區，也有了亞斯伯格族群的支持系統計畫，可以協助泛自閉家屬整合自我的身心靈，重建內在力量，成為泛自閉兒及家人的支柱。同時，帶領在地助人者發展適合在地的輔導模式，建立亞斯族群及泛自閉者的支持系統，開發整合當地的內在與外在資源。

「花蓮有位媽媽，甚至無償地捐出自己的住所，提供給當地的亞斯伯格族群上課、辦活動。」花媽說，這都是以前沒有出現過的狀況。

從之前，因為學校裡有亞斯伯格的孩子，花蓮校長必須向外求援，很多媽媽必須帶著孩子離鄉背井到資源較為豐沛的臺北上課。現在，花蓮及臺中地區不僅有在地人的支持系統，臺中地區在臉書上成立的「中臺灣高功能自閉與亞斯伯格家屬及助人者」公開社團，也可以作為網路上共同討論的園地。

另方面，家長們成立的小組，會不定期聚會、研討，同時，結合在地資源，給予泛自閉家屬協助。而花蓮自閉兒家長高淑慧成立的「仁心的家」，亦是作為長期支持泛自閉家庭的據點。對照過去，實在是一大進步。

幫助他們重新站起來，懷抱生命的希望

除此之外，連結不同地方的力量、不同的資源，喚起更多注意，一起發聲，也是重點。當然，在這過程中，也會有更多的議題、更多的弱勢族群被看見。譬如在林子期首次的環島計畫，第一次的上台演講，就是這些考量中，因而有了最後的美好呈現。

民國103年6月6日這天，在臺北市立麗山高級中學裡，洋溢著一股溫暖而快樂的氛圍。新北市幫助高功能自閉與亞斯伯格團體、小腦萎縮的林子期、花媽，都在這一刻全都聚集在一起。花媽主講「瞭解泛自閉‧學習同理心」，林子期則上台和大家分享「企鵝勇士生命圓夢分享」，而鄭智仁則是以溫暖渾厚的歌聲唱出〈溫柔的風吹響了風鈴〉、〈就讓我們珍惜這份緣〉。

這次美好的規劃，不僅促成林子期首次走出家門、遠離家鄉，儼然是他期許自己成為生命勇士的起點，對花媽來說，亦是種深深的感動。

「剛剛子期在演講的時候，我又哭了。一方面是心酸，一方面是……我有一個想法，其實我的孩子還是比較幸運，因為我們在，我們還能再照顧他，他還有我們。」

這段來自花媽心底的感觸，讓她不覺充滿希望地說，誠如林子期有鄭智仁這樣的天使在那裡守護著他。她強調，「如果我們可以帶著這樣的信念，盡力守護，我們的社會就真的會不一樣。就像我，現在可以重新站起來，就像子期可以對生命懷抱希望一樣，然後我們都還在往前走。」

其實，不管在哪一個領域，誠如花媽所說的重新站起來、懷抱生命的希望。基金會所在做的、努力的，也就是散播出希望與愛的種子，讓曾經隱藏在角落的族群，讓他們被看見，也能像一般人一樣擁有生命的希望，然後，往前走。

沈莉真、陳道美。（林聲攝影）

7.

讓夕陽餘暉更光燦

──居家照顧與補助服務義無反顧

居家服務照顧與補助專案（民國100~）

一股善念，讓基金會從自付額的補助，一步步踏入居家照顧的領域，承接了政府的委託案。

從前，農業社會中，大多數的家庭都屬於好幾代人聚集而居的型態。人老了，進入無法工作的年紀時，自然有許多人可以相互照應，即使失能，或是因任何問題導致身體的殘缺或生活無法自理，大部分的情況也都無須擔心。然而，時代驟變，現在有愈來愈多的小家庭，或因為工作、或因為經濟生活，無法兼顧長輩，更多狀況是沒有居住在一起。

根據國民健康局的估計，民國115年臺灣65歲以上的人口就會占總人口數的20%，換句話說，十年後，臺灣將進入「超高齡社會」，每4到5人中即有一位是老人。更令人擔憂的是，從民國106年開始，也就是明年的高齡人口將首度超過兒童人口（15歲以下）。

在高齡人口愈來愈多，卻又沒有和孩子、親人居住在一起的狀況下，衍生的問題，可想而知，勢必愈趨嚴重。在林芳瑾基金會的發展過程中，誠如之前所說的，單純是一個善念，從募書開始，一點一滴累積發展的能量，順勢而為。之所以踏入居家照顧的領域，從來也沒有在基金會的規劃之內，一切彷如募書，也是一個善念的累積，進而如涓滴匯集成溪流，成為在燦爛陽光下閃爍著光芒的美麗湖水。

全臺唯一自付額補助！

現在的社會結構丕變，獨居老人愈來愈多，即使是和親人居住在一起的長輩，也因為年輕人工作忙碌，或因為經濟問題，生活品質不佳。如果再加上身心功能受損、衰退，導致生活無法自理，產生的問題也會愈加嚴重。政府雖然已有相關措施因應，譬如長照十年計畫，卻是緩不濟急。

舉個例子來說，即使從長期照顧十年計畫照顧服務費的補助標準來看，從民國104年1月1日起調升民眾自付額度，中低收入戶每小時自付費用由18元調升到20元，一般戶每小時自付費用由54元調升至60元。「可是那對弱勢家庭來說，一個月即使只是幾百塊，他們還是會付不起！」林芳瑾基金會主任沈莉真憂心忡忡地說。

長期擔任居服員的陳道美說，在她服務過的個案中，很多家庭一個月可能就是2、3萬的收入，如果是小家庭，要付房租、水電等基本的生活開銷，還有小孩的教育費，生活已經很拮据了，還要負擔需要人照應生活的長輩，「根本是很艱難！」她嘆氣道。

可是這樣的困難，依照現行的法規和制度，沒有中、低收入戶、沒有任何的補助，若連要支應家裡每天的柴米油鹽醬醋茶都很捉襟見肘了，更遑論照顧家中的長輩。如再遇到重大變故，譬如家庭主要的經濟來源者失能，或是主要照顧者媽媽發生意外，「這樣的家庭該怎麼辦？」踏入社工領域二十幾年，自嘲看盡人生百態的沈莉真，雙眉揪緊，臉色黯然。

「沒有『資格』領取政府的任何津貼及補助，生活卻十分艱難的邊緣性家庭，在臺灣其實還不少，如果再遇到『壓垮駱駝的最後一根稻草』，家庭就會垮得非常快。」這種擔憂，讓基金會做了一件全臺灣居家服務照顧領域中從沒有任何機構或單位會做的事。

不是低收入戶沒有關係，沒有資格領取津貼也不重要，關鍵是，真的

102年居家服務員在職訓練暨秋季旅遊。

需要幫助！沈莉真堅定地說。

　　只要是由臺北市及新北市政府委託辦理的居家服務單位、長期照顧管理中心、身心障礙者資源中心、社會福利服務中心等機構提出申請，基金會就會派社工員親訪個案，除了個案的補助評估外，他們還會視需求提供物資補助。換句話說，政府的居家照顧計畫中，雖然已幫忙負擔大部分的照護費，但，對於自付額還是非常沉重的家庭來說，基金會只要經過訪視，確認真正的需求及家庭經濟現況，不管有沒有符合政府所認定的弱勢，他們就會提供個案的自付額補助。

　　這項全臺灣唯一的專案補助計畫，著實帶給許多家庭希望，可惜的

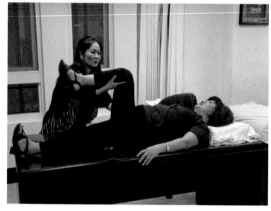

是,因為基金會位於臺北市,基於現行人力上的考量,服務的範疇只能限於臺北市及新北市。「為了幫助真正需要幫助的人,我很堅持,每次的個案都需要經過親訪、確認的過程。」沈莉眞微笑著說道。

不僅止於金錢協助,親臨訪視不可少

親訪、確認個案的眞實狀況,以便讓有限的資源眞正發揮作用,這是基金會成立以來始終奉行不渝的堅持。而幫助眞正需要幫助的人,提供對方所需要的資源,也使得基金會從一開始即顯得非常與眾不同。

自付額補助專案,表面上看,僅有金錢上的幫助。可是透過訪視,瞭解個案更多需求時,基金會從不吝於伸出更多的援手。

「曾有位一百多歲的老奶奶,自己居住在丈夫生前所遺留下來的老房子中,靠著補助,基本上,她生活沒有問題。」回憶起這個個案,沈莉眞說話的語氣,充滿了欣喜。她說,這是過去社福單位的同事,在一次聚餐中,隨口聊起的個案。

　　老奶奶的獨居，固然讓人不捨，慶幸的是，她的身體還不錯，有市政府的社工定時訪視，提供生活上的協助，一切尚且安好。唯一的問題是，她居住的房子。

　　「因為年紀很大，沒什麼力氣，偏偏居住的老房子，大門非常笨重，且因為年久失修，想要關緊鎖門，老奶奶通常都沒辦法做到。外出時，總是需要仰賴鄰居左右的幫忙，這麼一來，當然就很不方便。」當時，沈莉真已經在基金會服務，一聽，二話不說，馬上安排時間作訪視，進一步瞭解老奶奶的情況。

　　結果，誠如同事所言，老奶奶的基本生活雖然沒問題，可是一個關不緊的大門，再加上老奶奶不喜歡麻煩人的個性。最後，就是身體雖然還不錯，可以自理，卻極少踏出家門一步，非常可惜。

　　為此，基金會特地撥出空，在最短的時間內，找到資源、找到人，協助老奶奶更換家裡的整座大門。「記得老奶奶很輕鬆地推開門的剎那，她笑得好開心。拿出鑰匙，再很輕易地鎖門、開門，老奶奶更是笑得一臉燦爛。」這件事，對於一般人而言，或許是小事一樁，但在年老體弱的老人家眼中，卻是最迫切，也是影響她生活中的大事。

　　問題是，這樣迥異於一般金錢補助、提供資源的方式，很多時候，都是被政府、社會所強烈忽視的。

　　「基金會的規模雖然不大，編制內的成員數量也是個位數而已。但我們從來不以此為限，相反地，因為想要讓資源作更有效的運用與分配，我們提供協助的方式，總是充滿了彈性與機動性。」

　　因此，在這樣的情況下，從補助照護領域中的自付額開始，基金會瞭解了高齡化社會所可能帶來的種種問題。因此，102年基金會踏入了非機構型基金會所從事的領域——居家照顧。透過承接臺北市政府社會局的居家服務委託計畫，進行以居家服務為主搭配的送餐服務，並有定期關懷訪

視、居服員在職訓練與聯誼、居督員支持團體等。

居服員面對百般問題，重重難關──克服

提起居家照顧，擔任居服員年資超過十年的陳道美嘆了口氣說，眞是不容易啊！她一再強調，要不是自己有專業背景，曾在護校服務多年，再加上早期在另一個承辦居家服務的基金會工作了很長的一段時間，面對情況複雜的個案，她將很難調適心理狀況，進而處理、面對。

「每個個案狀況不一，也有很好照顧的，但大部分都是需要智慧去處理。」陳道美說，早期她在別的基金會服務時，居服員被分爲三個等級，一種是只需要陪同，不做家事及任何其他雜事；一種則是要協助洗澡，簡單幫忙整理家務；最後一種，工作最爲繁重，就是照顧失能、無法生活自理、臥床的案主。

「當時，我評估自己的體能狀況，就只做陪同而已。」原以爲這樣面對的情況會較容易，不料，還是衍生出很多棘手的狀況。

「我曾負責一個個案，對方有重度憂鬱及躁鬱症，雖然每天只要陪她四個小時而已，卻在我心理上形成極大的壓力。」第一次接觸時，陳道美即覺得怪異，她和老奶奶對談過程中，沒有任何家人陪同，最後離開時，對方的家人一直送她到門口也始終沒有說過一句話。爾後才知，老奶奶對於旁人極度不信任，包括是自己的親人。

「她總懷疑旁人說她壞話，暗地裡喜歡嚼她舌根。爲此，稍不如意，老奶奶即大發雷霆，常常一生氣，就動手把家裡的擺設弄亂，桌上的東西掃到地上。」和對方相處過程中，總是聽她在罵人，而且是毫不留情、聲色俱厲，讓人很難淡然面對。

「回也不是，不回也不是，她就是罵！」陳道美說，後來才知，這個

個案之前已經換過好幾位居服員，很多人都無法承受每天四個小時，連續不斷的辱罵。「那時候，我總想自己是專業。既然是專業，就不要把對方的話放在心上，往心裡去。」這樣的日子，一直持續很長一段時間。經過數年，老奶奶病重臥床，需要一個能全職照顧她的人，這才結束了陳道美和她之間的關係。

這樣的個案，其實不少。尤其是對於居服員，很多被照顧者或因為生病、或因為身心失調，總對他們抱持著強烈懷疑、不信任的態度。

「當面罵人事小，只要心理調適得好，或者和對方相處久了，關係就會變得比較和諧。有的是會動手打人有暴力傾向，不時鬧自殺的則是要隨時注意，提高警覺；打電話到基金會或是社會局四處告狀，說我偷錢、偷東西的，也是很讓人頭疼。」陳道美無奈說道，擔任居服員多年，她早已練就一身的「功夫」，最重要的是，掌握居服員的專業，瞭解如何面對及處理。

不過，這些棘手而複雜的問題，經驗豐富的陳道美固然可以應對，但並不表示其他人也和她一樣。經驗不多，或是專業度不足、情緒掌控不佳的居服員，只要有其中一個環節無法駕馭，極可能就是打退堂鼓。否則也不會有如同陳道美之前遇到的案主，曾經轉介過好幾位居服員的狀況產生。

而工作的辛苦，歷經的案主狀況百出，亦讓一般的居服員「壽命」不長。根據內政部民國103年的資料顯示，當時已培訓完的八萬多名居服員，留任率還不到五分之一，可見其中的艱辛。

居服員是員工，個案猶如客戶

居服員所要面對的狀況，已經是層出不窮了，更遑論居服員所屬的基

金會，他們所要負責的龐大且複雜的事務。除了管理眾多的居服員外，還要無時無刻處理從居服員到案主所發生的種種狀況，更多的是，因為是承接政府的委託計畫，面對公家機關的繁複行政手續，一關關、一道道，都不是可以輕易處理的。

誠如陳道美所說，被照顧者不相信居服員，打電話向基金會投訴的狀況，最常發生。「每天一大早，就常會接到案主打電話來說，我們的居服員有哪些行為不當的事。」

沈莉真表示，居家服務照顧領域中，基金會和居服員的關係，就像一間獨立的公司。居服員是公司的員工，個案就像客戶，那麼，在公司立場，是要相信員工？還是要選擇相信客戶？

對此，陳道美是滿懷感激說，基金會從來沒有問過她這類的事。她之所以知道，都是後來和被照顧者建立起良好關係時，對方透露的。「有次聊天中，一位老奶奶就如同往常一樣，總是不斷說話。其中，她就提到之前皮包忘記放在哪，以為是我偷拿，打電話向基金會抱怨、向社會局投訴，後來找到，才知道是她自己弄錯了。」

提到這件事，她搖頭嘆息說，有的基金會一接到這類電話，總是不由分說，先找居服員面談。「雖然知道其實他們也是在釐清事實，但，心裡就是會不舒服，覺得不被信任。」陳道美強調，在林芳瑾基金會工作近兩年的時間中，從來沒有因此被質疑過。

「他們真的很信任我們，做事實實在在的。」回憶起進入林芳瑾基金會的過程，陳道美笑說，當初去應徵居服員時，在彼此還不認識的階段，雙方倒是談了許久。

沈莉真強調，不管是擔任居服員或是社工，都是需要很大的熱情，專業是考量，但更多的是對人的關懷與責任。「所以，我都會花很長的時間，面試一個人進來。很多時候，都是從中午談到晚上。」這樣做的用

意，只是要盡可能地瞭解對方，進而讓
一個對的人，放入基金會對的位置中。

　　「一旦用了，就要做到用人不
疑。」說到這，沈莉真露出堅定的笑
容。

要求專業SOP，盡可能杜絕「意外」

　　當然，很多居服員的狀況也會出現
無法掌握的時候，譬如對被照顧者太過
熱情，做出逾越自己職責的事，甚至導
致案主產生移情作用。陳道美表示，曾
有個案要求她幫忙洗澡，或是另外拿錢給她，面對諸如此類不是當初合作
時談定該負責的事，她絕不會鬆口應允。

　　「我曾接到電話，說居服員答應今天再去他家，看他。問題是，那
位居服員現在在另一個地方服務，有別的照顧對象。」沈莉真強調，不管
是社工或是居服員，都必須謹守專業的分際，畢竟他們所面對的都非「常
人」，可能遇到的狀況也是千奇百怪，無法事先防範，這時候，專業就很
重要。

　　她並進一步以自身為例。在醫院擔任社工時，曾遇到人抬棺抗議，
拿刀威脅，而社工是最常站在第一線處理的人；在政府擔任公職期間，也
曾遇到有人申請低收入戶等補助條件不合，而在自己身上淋汽油，聲言自
焚。

　　雖然，秉持專業去處理，無法杜絕所有意外的狀況，但至少能確保一

定的做事準則，進而維繫彼此間合理而正常的關係。

只是，在這段期間，來自於居服員、個案的狀況還是層出不窮。在居服員最多時，達到15個人的數量，沈莉真坦言，管理真的不易。而且，那時基金會人手有限，有段時間幾乎只有她一個人及一位居服督導員負責所有居家照顧等龐大且複雜的事務，幾乎耗盡她所有的心血和時間。

文件多、流程密，行政手續繁複

居服員的管理不易外，還要面對來自於政府的種種規定。由於是承接臺北市政府社會局的居家服務委託計畫，一年需有四次的核銷，以及年度的評鑑報告，每一次都讓她忙得焦頭爛額。

從最基本的個案紀錄開始，每一份她幾乎是逐張、逐字的審閱，有任何不妥、疏漏之處，沈莉真都是親自修改，並對負責的社工，再三叮囑下次撰寫時的注意事項。「個案紀錄是非常重要的資料，必須詳細撰寫，絕對不能有絲毫的馬虎。」提及此事，她流露出少見的嚴肅神情。

對於每一個提供幫助的對象，完備的個案紀錄，不僅僅只是記錄下個案服務的概況而已，還能透過內容，判斷、決定服務是否合適，進而確保服務品質；另方面，當個案必須轉介或轉換社工時，接手的單位或人也能藉此確實掌握個案狀況。其他包括：督導、專家顧問可據此瞭解個案，提供進一步的協助，或是成為教學研究資料，進而提升社福單位或是社工人員的服務品質等等。

「個案紀錄都是非常值得參考的重要依據！」沈莉真再次強調。

事必躬親外，因為曾擔任政府相關的公職人員，對於這類事情的核銷手續十分清楚。儘管流程繁複、文件眾多，基金會是從102年初開始承辦居家服務委託計畫，沈莉真則是在當年六月份到職，卻在短短的時間內，

補足、完成所有的過程，七月才收到第一次的請款撥款金額，九月完成第一次的評鑑。

「記得那段時間，每個禮拜六、日，我都待在基金會加班。」回憶起往事，沈莉真臉上有著不勝唏噓的笑容。她大嘆，不到一年的時間，累積的加班時數直到現在都還沒有休完。

兩手一攤，她大笑說：「以後大概也沒時間休完吧！」

活動高規格，居服員福利不馬虎

儘管在承接臺北市政府社會局的居家服務委託計畫過程中，從管理居服員到個案的定期關懷訪視，所有事務龐雜且眾多。但居服員的在職訓練等相關福利及活動，卻是一點也不少。

陳道美笑說，「剛開始，很多同事就叫我去參加基金會星期六下午舉辦的教育訓練活動。他們都說，辦得很好，叫我一定要去參加。可是基於以往的經驗，都是一些應付了事的過程，感覺沒有多大的意義，相反地，還覺得很浪費我的時間，根本一點都不想參加。」

但在居服員同事的極力鼓吹下，她無奈參加了第一次。沒想到，一到場就驚住了。

由於基金會會址空間有限，為了讓更多人參與，每次舉辦活動，都是在臺北市交通便利之處，特別租借寬闊的場地。除此之外，為使所有參與者，尤其是平日工作壓力大的居服員，能有放鬆心情的時刻，場地佈置格外用心之餘，點心、飲料也一概俱全，「每回，我都有在享用美食的感覺耶。」陳道美不勝懷念地瞇起眼，笑道。

但真正讓她驚嘆的是，用心規劃的課程內容、精心聘請來的師資，「我曾去偷偷調查過，有位幫我們上課的老師，光是市面上她所開課程的

相關講義資料，定價就不便宜了，更何況她還親自幫我們上一系列的課程。上課時，講義還可以自由索取呢。」說到這，陳道美笑得很是燦爛。

她並進一步示範，在基金會所上的課程中，曾學習到的養生健康動作。「這，真的很有效！」她邊說邊做，並再三強調，基金會的相關訓練及課程，每一次都設計得很扎實、很有幫助。

對此，沈莉真說，基金會所辦的活動，每一回都是以最高規格的標準，去設計和規劃。「雖然事情真得很多，可是想到有人因此而受益，就覺得所有的辛苦都值得了。」

辛苦劃下句點，善念永不止息

一股善念，讓基金會從自付額的補助，一步步踏入居家照顧的領域，承接了政府的委託案。過程中的艱辛，至今想來，仍讓主要負責的沈莉真不勝唏噓。她感慨道，「居家照顧不是一般小型基金會所能做的。居服員就是一群員工，必須妥善管理，相對於基金會而言，就像要另外成立一家獨立公司，才能管理好它的員工。」

當時，基金會雖已成立七年，但人手仍有限。沈莉真坦承，進入基金會時，也沒預料到它已承接政府的居家照顧計畫。僅有她一人，必須帶著一位居服督導員，負責所有的相關事宜，過程的付出與艱難，自是可想而知。

一般人遇此，很可能打退堂鼓，沈莉真沒有，基金會也沒有。更可貴的是，在有限的資源及人力中，他們還想辦法做到最好。

「既然已經開了頭，我所能想到的就是做完，並且一定要做到最好！」沈莉真臉上滿是堅毅。那段期間，每天除了要處理所有居家照顧，居服員、個案所發生的各種狀況外，電話接不完，文件更是一份又一份，

資料多到堆疊如山。

兩年的專案結束，考慮到現實狀況，基金會的未來發展，居家照顧除了保留補助自付額的部分，其他，就是毅然選擇劃下休止符。

對於基金會而言，當初成立的目的，就是一股單純的善念。踏入龐大且複雜的居家照顧領域，讓基金會付出了很大的代價，不管是金錢或人力；換在一般民營企業的詮釋，如實說，基金會就是虧損嚴重。但基金會始終樂觀以對。

「身為社工，會面對很多困境及挫折。很多時候，只能很阿Q地想，有什麼行業是做善事，人家還會付你錢的。同樣地，在這件事上，我們也是這麼想，政府付錢讓我們做善事，雖然只有一點點的酬勞，但，還有什麼比這更快樂的了。」沈莉真臉上堆滿了笑。

唯一讓她擔憂、煩心的是，就是如同員工一樣的居服員該怎麼辦？同樣地，套句沈莉真常說的話，就是以最高規格資遣所有的居服員。該有的福利、遣散費都是比照勞基法。

「可是在告訴他們這件事之前，也就是基金會決定終止計畫案時，我們還是事前沙盤演練了好幾次，就唯恐傷害了他們。」沈莉真嘆氣道，畢竟居家照顧方案的結束，即象徵著居服員也跟著失業了。

「記得在最後的餐會上，我忍不住流下眼淚告訴大家說：基金會都是好人，以後不管做什麼事，只要跟著他們就對了。」說完這句話，陳道美忍不住心中的激動，眼眶泛紅。

正所謂愛不止息，善念，亦不會因為計畫的終止而中斷。陳道美的一番話，足以證明基金會的付出、沈莉真的堅持，絕對是珍貴而且無價。

李燕、鄭智仁、周志文、林子期、賴宗育。 （林聲攝影）

8.

活著，就求一份尊嚴

——社會應給予小腦萎縮及
腦性麻痺患者同理心的對待

罕見疾病與身心障礙補助專案（民國102年~）

社會上始終有一群人默默地生活著，為著能繼續他們心中最簡單的「活著」兩個字，他們必須付出比一般人還要多的代價。儘管幾乎沒有任何的物欲，但身體因為疾病所帶來的艱辛，實非常人所能想像。

政府的資源補助，固然能解決部分問題，不管是低收入戶或是身障手冊，給予的是維持基本生活所需，然而，出了家門後呢？面對人群、面對社會，因為肢體不便所帶來的重重困難，讓他們連擁有「希望」都覺得奢侈時，如何邁出這沉重的一步？

對林芳瑾基金會而言，不管任何團體、個人，只要遇到困難，確實需要協助，他們絕對會伸以援手，而且考慮的不

面對小腦萎縮及腦性麻痺患者這類外表特殊的人，他們的思想、智能和一般人一樣，不能只是單純地考慮到金錢的提供協助，必須顧及真正的需求，在乎他們心裡的感受。

是只有金錢，最實質上的幫助，才是基金會發揮的重點。在小腦萎縮症（Spinocerebellar Atrophy Ataxia，簡寫為SCA）又稱脊髓小腦萎縮症或脊髓小腦失調症、肌肉萎縮症（肌營養不良症，英語：Muscular dystrophy, MD）中是如此，在腦麻患者（腦麻痺，Cerebral palsy，簡稱CP）亦是如此。

其實，不管是小腦萎縮、肌肉萎縮患者或是腦麻者，他們的智力、思想和認知，幾乎和一般人並無二致。譬如林子期發病前，曾是憲兵，亦曾於民國98年半工半讀完成二專學歷；而腦麻孫嘉梁曾取得臺灣大學數學、資工雙學位，美國留學時則完成數學博士的研習。可嘆的是，隨著身體的變化、四肢的萎縮，在一般人眼中，他們仍然是「智能不足」，讓他們得被迫面對社會上大多數人的異樣眼光。

社會關懷、回饋社會、扶助弱勢，這幾個議題，說來簡單，實行起來卻是一連串複雜的考慮，特別是對基金會而言。為什麼這麼說？尤其對於小腦萎縮症及腦麻者這類外表特殊的人，他們的思想、智能和一般人一樣，想提供協助，不能只是單純地考慮到金錢，而是真正的需求，在乎他們心裡的感受。

給他們真正要的！

既然這一群人在社會上不被關注、沒有聲音，那麼，就藉由贊助與辦理活動，讓他們被「看見」。並從中發掘問題、丟出議題，甚至引發社會行動，使這一群弱勢能受到重視，進而運用社會資源，共同協助極需關懷與幫助的弱勢族群，發展未來的希望，並回過頭來，大家一起為共同的目標而努力、作出貢獻。

譜曲結緣，音樂活動傳頌感人故事

提起音樂會，就絕對不能忽視長期投入慈善公益活動的音樂家，同時

也是著名細胞學、放射線學、生殖醫學專家的鄭智仁醫師。長期以來，他以「音樂為名」吸引許多人關注弱勢族群，自己也默默奉獻，與基金會的聯繫，更是從數十年前即已奠定下的因緣。

林芳瑾基金會辦理身心障礙研討會，林芳寬執行長於會中致詞。

「林昭元是很好的大善人！」簡單的一句話，完整詮釋基金會長期以來的耕耘，以及發展的基礎。他淡淡笑說，大家都是深愛臺灣這塊土地的人，只要是對的、值得去做的事，就是義無反顧地去做，林子期的事是如此，其他事也是如此。

鄭智仁所做的多首臺灣歌謠，譬如〈福爾摩沙頌〉，以及民國88年臺灣九二一大地震後大量被電視媒體應用在賑災畫面的配樂〈天總是攏會光〉，因為充滿著對臺灣這塊土地濃濃的溫暖與感情，常感動了許多人，也被眾多單位與機構引用傳頌。對此，他本人淡然以對，常笑說音樂是興趣，如果能藉此發揮更大的功用，幫助人，或者影響更多人投入公益的行列，他大笑著表示，「那很好啊！」

其實，對鄭智仁來說，行有餘力就去幫助別人，只是一件舉手之勞的事。從不曾放在心上，也因此發生了很多趣事。

曾經，在他常去的餐廳中，有位服務生隨口問他，可以幫忙出席參加婚禮時，鄭智仁沒有絲毫的猶豫，一口應允。他想的是，反正當時沒事，又認識；但對那位服務生而言，卻是受寵若驚般的驚喜。結果，鄭智仁不僅如期到場，還在那裡偶遇到罕見疾病基金會的人，並又很「帥氣」地立

187

即答應對方幫忙譜曲。

「其實，這真的沒什麼，我倒是很敬佩那位病友，她真的很堅強。」鄭智仁口中的病友，因為肌肉萎縮症，成為罕見疾病基金會中的一員，而鄭智仁常應邀出席演講、辦音樂會，也被罕見疾病基金會的人所熟悉。因此，才會發生對方一看到他，就認出，並試著向他提出協助。

「結果，我幫她譜好了曲之後，她竟然還包給我1000元！」提起這件發生在數年前的往事，鄭智仁笑開了懷。他說，每次對旁人提起，大家就會忍不住笑說，錢退還她了吧，你又不缺這個錢！每當此時，鄭智仁總會搖頭慎重解釋道，這不是缺不缺的問題，而是收下，可以讓她覺得被尊重，會快樂的心理感受。

其實，以商業價值來說，今日鄭智仁所作的曲子，不管是〈福爾摩沙頌〉、〈天總是攏會光〉、〈阿爸ㄟ風吹〉、〈天頂的星〉、〈天佑臺灣〉等等，每一首又豈是金錢所可以衡量。但他就是這樣子的人，只要覺得對的、值得做的事就會去做，而這段過程，也因此成為鄭智仁和林子期結識的重要開端。

罹患小腦萎縮，林子期人生步入坎坷

如果不說，很難相信眼前這位身高達180公分，體格標準，笑起來一臉爽朗、帥氣，曾經是憲兵的林子期，竟罹患了小腦萎縮症這種罕見疾病。而且，注定在以後的人生路上，他將一點一滴喪失對身體的控制力，最後癱瘓，成為植物人。

鄭智仁醫師於「圓夢分享會」中演唱〈溫柔的風吹響風鈴〉，感動全場師生。

　　然而，對於這一切，現在的林子期就是以活在當下，樂觀擁抱人生來看待。他說，人生活著就是一種幸福，對於以後會發生的事，他選擇不去想、不去看，畢竟現在有太多值得他去關注、努力的事了。

　　「現在活著，就是很大的幸福啊！」當他露出招牌的笑容，艱難地，一字一句說出他現在的愉快時，旁人也忍不住為之動容。

　　不過，林子期今日的樂觀，有泰半要歸功於一路鼓勵他、勉勵他前進的鄭智仁。在沒有認識鄭智仁以前，林子期可說是位鬱鬱寡歡的罕見疾病患者，對於發生在他周遭的很多事，他無法樂觀以對。周遭的人、事、物，他總是不免以消極的態度去面對，不想關心，也不想主動去接觸。

　　其實，也莫怪他如此。從小，林子期的生長過程即是備受艱辛。三

林子期先生於「圓夢分享會」中與高中學子分享心路歷程。

歲，正值該被疼愛的年紀，父親過世母親改嫁，一路由阿公靠資源回收，辛苦撫養長大。服完憲兵役後，靠著半工半讀，林子期終於取得二專學歷。正以為自己可以打拚工作，努力賺錢走出一條屬於自己的路時，卻在這時，身體陸續出現狀況。

先是走路不穩，常有暈眩感，後看了電影《一公升的眼淚》，懷疑自己的病情去作檢查，民國101年1月31日正式確診罹患小腦萎縮症。至此，林子期的人生，開始了一連串翻轉的過程。

剛開始沮喪、失落，林子期備受煎熬，怨嘆上天對他的不公平。而且，正值人生最美好的時刻，遺傳性的機能喪失，半點也不由人的罹患罕見疾病，對照原來身旁的一切、周遭的朋友，景物依舊人事已非的慨嘆，深深地重創了他。

　　這樣的驟變，讓林子期即使到罕見疾病基金會接觸到眾多病友，他也依然無法調適發病以來，日漸生根於心裡的各種負面想法。最後，他避走人群，躲在家中，唯一的對外接觸管道，就是每天到家門口附近的便利商店，利用當地店家的免費wifi上臉書，靠著虛擬的網路世界，填充心裡的空虛。

主動伸出關懷的手，打開心房

　　「我在無意中看到子期的臉書，看到他做的詞。」因為之前協助一位病友譜曲，對於罕見疾病基金會，鄭智仁平時是更加留意了。在一次深夜寫歌的空檔，他上網瀏覽，點到林子期的頁面，他不由睜大了眼。

　　或許是有感於發病以來對身邊周遭事物的改變和慨嘆，林子期做了一首歌，關於他對朋友的感情抒發，可是僅有詞無曲。鄭智仁看到，隔天馬

林芳瑾基金會贊助中華民國團體動力協會辦理的「腦性麻痺主體經驗分享會」。

上打電話給罕見疾病基金會詢問有關林子期的消息，不意，卻聽到負面的言語。

「這不能怪子期，畢竟罹患這種病是種很大的打擊，再加上長久以來，阿公迫於經濟壓力，根本沒有時間注意到他。」鄭智仁瀟灑地笑了笑，一點也沒放在心上，反而主動聯絡林子期，開門見山說要幫他譜曲。

鄭智仁的主動，讓林子期有些不敢置信，一方面不瞭解，二方面身旁的人都告訴他。「怎麼可能有人會這麼好心，主動說要幫你作曲，怎麼可能嘛！他一定是別有心機。」

事後得知這些事，鄭智仁沒有生氣，僅有大笑。

就這樣，在鄭智仁的堅持下，林子期一步步打開心房，歌做好了，也完成譜曲。〈就讓我們珍惜這份緣〉這首歌不僅串起了他和鄭智仁的緣，也開啟了他和基金會、和外界再度聯繫的世界。

「我想要的不是金錢上的資助，而是大家對我支持。而且，透過我的生命故事，可以鼓勵更多的人面對人生路上的難關。」至今談起這段心路歷程，林子期有滿滿的感恩及喜悅。

堅持親訪，深入了解事情源由

鄭智仁的主動伸出援手，徹底打開了林子期的世界，但只是這樣嗎？當然不！林子期有很多想法，只是以前沒有人協助，沒有人告訴他該怎麼

開始哪第一步。鄭智仁聽到的第一個反應，就是想到向來關懷弱勢，可以提供罕見疾病與身心障礙協助的林芳瑾基金會。

對於基金會，鄭智仁其實不是那麼熟悉，畢竟他住在高雄，長期在南部活動。但和基金會的創辦人林昭元，不管是過去的直接接觸，或是身邊友人的間接傳遞訊息，都讓鄭智仁十分地確定，「他就是位事業有成的大善人！」沒錯，說到這件事，鄭智仁的表情是嚴肅且認真的。

所以他打電話給基金會，說起林子期有意環島的計畫。「能提供協助嗎？」短短的一句話，其實，套句鄭智仁的話，就是單純地問問看。

事後談起這件事，沈莉眞笑說，「哇！好大的壓力耶，因爲知道對方是什麼樣的人，再加上和基金會創辦人的關係匪淺，都讓我們不敢輕忽。問題是，要提供協助，當然沒問題，只是我們一定要親自去探訪，評估後可以才行啊。」她沒說出口的話，是萬一親訪過後，情況不是像鄭智仁所說的，需要協助的狀況，那該怎麼辦？

對照基金會的「嚴陣以待」，鄭智仁倒是顯得一派輕鬆。他笑說，「我只是幫子期說句話罷了，沒想到，基金會動作好快，馬上派人下來看，並親自到子期家，還與他的阿公談話，了解事情的源由。」

不過，對於基金會實事求是的精神，堅持每項補助必須以審慎的態度評估，確實將資源用在對的地方。鄭智仁大聲地表示肯定與嘉許。

基金會和林子期接觸後，在徹底瞭解他的狀況，得知他環島的計畫時，基金會馬上開始策劃、發想，能以什麼樣的形式去幫助他，「不能只是錢，這樣是絕對不夠的。」沈莉眞以堅定的語氣強調。

靠著輪型助行器，徒步環島分享生命故事

民國103年7月中旬，林子期開始了第一次的環島旅行。首站，並到臺

林子期於「內湖夜光盃3對3公益慈善籃球賽」中,與前來參加活動的臺北市政府社會局黃清高副局長(右)開心的愛擁抱。

北麗山高中進行「企鵝勇士生命圓夢分享會」演講,「那次他好緊張,行前還因為肚子痛去醫院,還直嚷著他就只是單純的環島去『玩』,不要去演講。」提起這件事,鄭智仁忍不住調侃他說,如果真不去,他就一路「架」他北上。

林子期一聽,在旁直發笑。

結果，那次麗山高中的演講非常成功。「如果大家藉由我的故事，可以得到一些啟發，或是在人生路上有了可以繼續奮鬥的力量，我就很高興了。」從有些畏懼、緊張，到現在，林子期對於上台演講這件事，充滿了期待與規劃。充分顯示出，透過環島的過程，分享自己的生命故事，以及這兩年來他的大幅成長。

於是，104年3月，他再度展開環島計畫，除了演講，這次他還另外參與了基金會舉辦的「2015內湖夜光盃3對3公益慈善籃球賽」活動。透過「2015年環島勵志之旅──擁抱笨小孩，擁抱愛」為訴求，在現場，鼓勵很多參與活動的青少年。

他說，「如果像我這樣的小腦萎縮症患者，都可以只靠輪型助行器徒步環島了，你們這些好手好腳，又可以高高興興打籃球的人，還有什麼是做不到的呢？」一字一句，林子期說得真心，也說得坦然。

今年，林子期再度展開環島，並且命名為「感恩之旅」。對於演講，他有更多的心得與故事可以分享，「這次，我從過年前就已經開始準備，不同的主題搭配不同的影片，並根據每個地方的主題設定而有變化。」林子期以澳洲天生無四肢的生命鬥士青年尼克胡哲（Nick Vujicic）為期許自己

努力的目標，鼓勵自己不斷往前。

現在的他，曾經潛過水，雖然被水嗆得很難受，但至少他嘗試過了；和阿公的關係改善了，會主動打電話給阿公報平安。他靦腆笑說，「沒有時間想其他的事，就是努力活在當下。畢竟，現在對我而言，活著就是一種幸福啊！」

是啊，活著本身就是一種幸福……對林子期來說，這就是最眞實的人生！不只活在當下，而是分分秒秒充滿希望、充滿喜悅，並藉由他的生命故事讓更多人知道，影響更多的人。在基金會的協助下，林子期圓了他的夢，將他的腳步從屛東擴展到其他地方、到全臺，最終，再影響到更多的人，努力向上，迎向生命中的每一個挑戰。

出門一步煞費周章，賴宗育、周志文點滴在心頭

乍聽到李燕常對她身邊的夥伴說，「你到底是腦子不行？還是身體不行？」這話時，旁人總不覺睜大眼，然後皺起眉，心想，何其尖銳的言詞，就不怕傷了對方嗎？

關於這件事，李燕咧開嘴大笑，身旁的肌肉萎縮者周志文，以及腦麻賴宗育也不禁呵呵笑著。很顯然地，他們根本不以爲這是件值得注意的事。

「如果連這樣的事都要在乎，放在心上的話，我們可能就會活得更辛苦囉。」比起身邊很多腦麻的朋友，肌肉萎縮的周志文，在生活方面，雖

林芳瑾基金會協辦華科基金會「2015聽益路跑」活動。

然也必須仰賴旁人的協助，但，目前至少他還可以透過工具的輔助自己進食，而且，說話清晰。

他笑著強調說，「我現在是賴宗育的轉譯者。」雖然隨著時間的流逝，身體的障礙也會愈來愈大，最後也會面臨無法單獨進食的困難，但，現在的他還是可以笑得很燦爛。

一般而言，腦性麻痺障礙者多半都有語言障礙，造成多數人聽不懂，甚至是不想聽，久而久之，就會造成腦麻者不想說，或懶得說等諸多內縮的狀況。這使得大多數的腦麻者都生活在自己的世界，人際關係的處理相對不足，容易和多數人產生摩擦與拉扯。

「正是因為這樣，想要讓腦麻這類的重度障礙者走出去，首先要解決的問題，就是溝通，讓別人瞭解他們心中的世界。」民國96年「社團法人台北市新活力自立生活協會」成立，緊接著，99年賴宗育、周志文、李燕又成立了「異於常人算障社會聯盟推動工作群」（以下簡稱算障團），這一切，他們想要的是，無非是協助重度障礙者「走出去」。

走出去這三個字，對一般人而言，可能很簡單，對他們這一群人來說，卻是重重的困難與阻礙。姑且不論，臺灣的無障礙設施有多麼貧乏，外界的不瞭解與眾多的誤解，也讓這一群人光是邁出家門一步，就猶如登

天一般的艱難。

「很多重度障礙者，終其一生都沒有離開過家門一步。」周志文無奈地笑著。就像他和賴宗育，如果不是17歲讀高職時就認識到現在，憑著兩人二十幾年的交情，光是要聽懂賴宗育的話就要耗費一段時間，誰有耐心？而且，社會上普遍對於障礙者，不理解也不認識，距離相對遙遠，易心生恐懼，再加上外界對他們的輔助資源極度匱乏，譬如賴宗育儘管是輔大法律系畢業，卻也只能在街頭販賣口香糖維生。

就是這些種種來自於現實上的無奈，讓重度障礙者早已習慣很多社會上的異樣眼光，包括不平等的待遇。

在算障團中，李燕因為長期和賴宗育這位重度腦麻相處，加上之前就認識腦麻中的數學博士孫嘉梁，才會起心動念先是舉辦「天堂、地獄、人間」腦麻者三岔路——社會處境中的人與教育系統搏鬥歷程分享交流會」，以積極的行動幫助他們。「譬如障礙者，也分為很多等級，有的是需要私人助理，幫忙協助打理生活上的各種事情，可是現在這種齊頭式的政府資源，不僅不公平，很多時候也不敷使用。」李燕嘆口氣說道。

透過活動凝聚力量，走入人群

為了重度障礙者的自立生活，他們積極集合同儕的力量，透過活動的辦理，企圖吸引外界的注意，讓政府瞭解他們所面臨的困難。算障團舉辦的活動中，三位重度腦性麻痺成年人分享他們在求學路上心酸的「天堂、地獄、人間」腦麻者三岔路——社會處境中的人與教育系統搏鬥歷程分享交流會」當場引起了很大的迴響。

「從來沒有過成年的腦麻者，像這樣站出來，向大家分享他們的求學經驗，以及一路走來的心路歷程。」李燕笑著說。但她也坦承為了這一

個分享會，他們足足作業了半年多之久，其中所面臨的困難與艱辛，實非外人所能體會。「你很難想像，和他們溝通是一件多麼困難的事。」嘆口氣，她再次強調。

首先，要請這三位腦麻者說出自己的故事，本身就是一件非常不容易的事。畢竟過往的求學路上，有太多的歧視、太多的辛苦，想要讓他們回憶，無非是揭起慘痛的傷疤，需要極大的勇氣，以及可以面對的力量。再者，更重要的是，他們的「口齒不清」，即便李燕口中所說的「腦麻中的天堂組」孫嘉梁，也在一次對談中，因為過度使用力氣，咬傷了舌頭。

「當他在對談中，突然掛掉我電話時，我一直在想是不是我剛剛說話真的太過分了，讓他生氣。後來，我才知道，因為他咬傷舌頭。」提起這件事，李燕忍俊不住笑了出來，隨即，眼中充滿了歉意。

「其實，以腦麻者來說，孫嘉梁因為從小被照顧得很好，再加上天資聰穎，求學路上始終表現傑出，外界也賦予他更多的期望，說話也相對清楚很多。可是他依然得面對，生活極度不便的事實。」李燕淡淡地說，想要生活自立，對他、對更多的重度障礙者都充滿了許多困難。

因此，各種障礙議題的大、小型論壇，如「身思熟慮——障礙身體經驗交流會」、「關係纏鬥·彼此發展——社工實踐的異人算障學堂之二」與「青春『掰』之不三不四——四位肢體障礙者北歐自助行分享會」、以及為期八次讓障礙者自己作詞自己唱的「當貝多芬遇到政治——『黑』『障』音樂營」等，目的都在於喚起外界的注意，並藉此凝聚眾人的力量。

尤其是這場經過近6個月的討論，三人分享自己求學歷程的作用，就是要讓一般人了解成年腦麻者的辛苦，也希望能透過這樣的方法，在特殊教育政策上有所建言並促使改進。

踏出腳步到臺東，爭取自立生活

這場醞釀許久的交流會，無疑地為重度障礙者帶來一絲希望。會中，大家除了踴躍發言外，很多來自其他縣市的腦麻者更希望他們能移師到別的縣市去舉辦，尤其是臺東。

「第一次聽到類似自己相同的求學經驗，讓他們既興奮又難過。」李燕嘆口氣說道，即使如此，在經費拮据的情況下，要南下已是不易，更遑論是到臺東。

她進一步解釋道，幾位參與者都是重度障礙者，出門是需要有個人助理隨行在側提供協助，譬如洗澡、餵食，其中的轉譯者周志文則是重度肌肉萎縮症，睡覺時還需要有人能協助翻身。另外，在交通工具上，除了來往於目的地及車站的接駁車外，搭高鐵南下後，還需由高雄新左營站到臺東火車的臺鐵作串連，而且還需是可加掛殘障車箱，且能一次容納四輛輪椅的自強號班次為主。出門一趟，工程之浩大，自是可想而知。

種種問題，都讓李燕傷透了腦筋。幸好，她曾在輔大心理系攻讀碩士班，知道基金會可以提供協助，抱著一試的心態，她寫了企畫書。果不其然，基金會不僅即時伸出援手，並以很快的速度通過整個專案，讓他們順利成行。

「非常感激！」李燕強調。

腦麻者和其他肢體或視力障礙最大的不同之處在於，他們有表達障礙，很難對外界清楚說明自己的想法，再加上外表因為無法控制肌肉，造成流口水、肢體張力造成的瞬間抖動等，都讓許多人誤以為他們就是「腦子有問題」、「髒髒的」，因此貼上負面標籤。

對於這些，他們只能無力承受。譬如賴宗育就清楚記得家裡大姊結婚，家人不讓他參加；二姊結婚時，原以為情況會有所改變，結果卻是二

姊拿錢給他，讓他去外面吃「好料」的。殊不知，這些都在他心中烙下永久的傷痕。

「有時候我講很多次，別人還是聽不懂，我就想說算了，不想講。有時候是我還沒開口，別人就叫我滾開。久而久之，我也懶得講了。」這是另一個參與者徐永成心中最深的感慨。對於程式設計他有獨到的見解，深知電腦語言的使用，早年卻因為喜歡電玩老被家人、老師斥責。

至於賴宗育，又是另一個讓人嘆息的故事，他曾考上師大英語系，想當老師，卻因為系上教授說他的英語會話不及格，根本不可能畢業。之後又想當法官，如願考上輔大法律系，才知道法律根本限制身心障礙者考法官。

這一切的一切，李燕強調說，走出去，只是他們開始的第一步，現在到臺東，將來更可能到任何地方傳達他們的理念，向外發聲，爭取自立生活的最終目的。

民國102年的臺東行，因為有基金會的贊助，才能成行；隔年，在基金會的全力支持下，「知麻處鬥——腦性麻痺主體經驗發展」計畫案更因而得以實踐，並在「社團法人台北市新活力自立生活協會」、「異於常人算障社會聯盟推動工作群」、「中華民國團體動力協會」的攜手合作下順利執行。李燕強調，藉由心理、社工專業協同三位成年腦麻者，以密集小團體方式，整理其內在情感、人際互動等經驗，「透過這個計畫，使他們能清楚呈現人際關係中的困難，進而瞭解往前突破的可能。」對於他們的幫助，自是不言可喻。

林芳瑾基金會
10年勤耕大事紀

財團法人臺北市林芳瑾社會福利
慈善事業基金會

１０年勤耕大事紀

95年度

01－林芳瑾基金會第一屆第一次董事會議（籌備會議）（95年10月10日）

02－林芳瑾基金會於臺灣臺北地方法院辦理設立登記（95年12月11日）

96年度

01－林芳瑾基金會第一屆第二次董事會議（96年3月20日）

02－林芳瑾基金會第一屆第三次董事會議（96年9月24日）

03－寬心安頓專案（96年10月1日至96年12月30日）

04－芳瑾紀念一週年音樂會（96年10月21日）

97年度

01－寬心安頓專案（97年1月1日至97年12月31日）

02－募書專案（97年1月1日至98年11月30日）

03－嘉義縣大埔國中專案（97年寒假起，至98年8月28日）

04－林芳瑾基金會第一屆第四次董事會議（97年3月21日）

05－無障礙科技發展協會專案（97年4月1日至97年12月31日）

06－臺北市大直高中專案（97年5月9日至97年7月18日）

07－失婚婦女專案（97年9月至10月，每周1次，共8次，1次3小時）

08－平安福袋專案（急難救助、營養午餐、獎助學金等，97年10月至98年12月）

09－林芳瑾基金會第一屆第五次董事會議（97年11月15日）

10－嘉義縣大埔國小主題式教學專案（97年12月8日至98年1月7日）

98年度

01－急難救助專案（98年1月1日至98年11月30日）

02－募書專案（97年1月1日至98年11月30日）

　　· 彰化縣成功國小（98年11月12日）

　　· 高雄明義國小（98年11月19日）

　　· 嘉義縣新港國小

03－財團法人呂旭立紀念文教基金會合作三專案

　　· 單親培力（98年1月至12月）

　　· 寬心安頓（98年1月至12月）

　　· 兒童夏令營（98年8月1日至8月30日）

04－林芳瑾基金會第一屆第六次董事會議（98年3月11日）

05－新竹縣內灣鄉內灣國小贈書專案（97年10月至99年12月）

06－臺北市大直高中御海乘風專案（97年11月29日至98年2月9日）

07－無障礙科技發展協會專案（98年1月1日至98年12月31日）

08－獎助學金專案（98年3月1日至98年3月31日）

09－林芳瑾基金會第一屆第一次臨時董事會議（98年4月8日）

10－臺北縣石門國中合作專案／「讓孩子有愛有希望」深耕閱讀計畫（98年9月1日至
　　99年1月31日）

11－新北市老梅國小合作專案（98年12月1日至98年12月30日）

12－臺北市府社會局中山社福中心供食方案（98年1月1日至98年12月31日）

13－社團法人嘉義縣扶緣服務協會專案（98年3月5日至98年12月31日）

14－林芳瑾基金會第一屆第八次董事會議（98年11月25日）

99年度

01－急難救助專案／銀髮族照顧服務專案（99年1月1日至99年11月30日）

02－助學金專案（99年1月1日至12月31日）

03－臺北市大直高中／雪地戰記生活探索營（99年1月27至99年1月29日）

04－翠柏新村老人安養中心／老人個案心理諮商暨團體輔導活動（99年2月至99年11月）

05－林芳瑾基金會第二屆第一次董事會議（99年3月22日）

06－社團法人中華民國新生活社會福利發展促進會／三芝地區弱勢學子課後服務（99年4月至99年6月）

07－中華民國無障礙科技發展協會專案／99年度「視障e化生活技能」研習計畫（99年4月至99年8月）

08－臺北市東園街浸信會／臺東溫泉教會英文營（99年7月18至99年7月23日）

09－中華民國自閉症總會／「同心協力轉動愛」自行車環島（99年8月29日、99年9月18日、99年10月16至99年10月26日）

10－新北市板橋國中

　　・99年第1學期弱勢學生營養午餐補助計畫（99年8月30日至100年1月9日）

　　・高關懷學生寒假閱讀指導計畫（100年1月24至100年1月28日）

11－嘉義縣大埔國中99學年度上學期晚自習實施計畫（99年9月10日至100年1月7日）

12－花蓮縣南平中學「從我的人生出發」工作坊（99年11月27~28日、100 年1月15~16日）

13－亞斯伯格症家屬家族排列工作坊（99年12月4~5日）

14－慈濟技術學院／人文藝術營（99年12月11日）

15－轉介財團法人呂旭立紀念文教基金會諮商個案

16－嘉義縣大埔國小／99年度充實圖書設備申請計畫

17－嘉義縣大埔國小暑期課輔活動

18－財團法人呂旭立紀念文教基金會／「從心得力—特殊境遇個人/家庭之寬心安頓

服務計畫」（99年1月至10月）

19－林芳瑾基金會第二屆第二次董事會議（99年11月30日）

100年度

01－急難救助專案（100年1月1日至100年11月30日）

02－居家服務補助專案（100年1月1日至100年11月30日）

03－助學金專案（100年1月1日至12月31日）

04－臺北市大直高中99學年度「重返光榮」生活探索營計畫（99年10月23日至100年1月28日）

05－新北市板橋國中高關懷學生寒假閱讀指導計畫（100年1月24日至100年1月28日）

06－臺北市政府社會局春節送年菜活動（100年1月31日）

07－臺北市南港老人服務中心「活力生活」健康促進方案／老人有氧暨瑜伽班（100年2月至6月、100年8月至12月）

08－嘉義縣大埔國中／99學年第2學期晚自習暨課業輔導實施計畫（99學年度第2學期第2周至第19周）

09－花蓮縣豐裡國小／99學年第2學期情緒教育推動計畫—舞蹈動作治療團體（100年3月至6月）

10－新北市國際生命線協會／生命教育關懷列車（100年3月至6月）

11－社團法人中華民國新生活社會福利發展促進會／弱勢學子免費課後服務—三芝國小低年級（100年3月1日至6月31日）

12－深耕閱讀計畫（100年3月1日至100年10月30日）

　　・嘉義縣大埔國小

　　・彰化縣成功國小「改善閱讀空間計畫」

　　・嘉義縣梅北國小「圖書室改善計畫」

13－林芳瑾基金會第二屆第三次董事會議（100年3月15日）

14－中華民國自閉症總會／星星相惜讓愛走動（100年4月2日）

15－100年度專案／「亞斯伯格症」家屬工作坊（100年4月3日至12月30日）

16－中華民國照顧服務員協會／照顧阮的老人（100年5月至11月）

17－臺北市中山老人住宅暨服務中心／100年度健康滿分計畫（100年5月至100年12月31日）

18－德國雷根斯堡雲雀合唱團訪臺公演／2011臺灣巡迴音樂會補助案（100 年5月8日）

19－國立台北護理健康大學長期照顧研究所／長期照護經典講座系列活動（100年7月2日至100年8月26日）

20－陽明山二子坪親子賞蝶活動（100年7月8日）

21－新北市板橋國中／高關懷學生暑假閱讀指導夏令營（100年7月11日至100年8月12日）

22－新北市萬里國中／暑假課業輔導助學金計畫（100年7月11日至100年8月12日）

23－嘉義縣大埔國中／主動學習專案（100年7月18~22日）

24－社團法人嘉義縣扶緣服務協會／新港鄉100年度照顧服務員訓練計畫（100年9月13日至100年12月31日）

25－嘉義縣大埔國中／100年度第1學期晚自習實施計畫（100年9月至101年1月）

26－社團法人中華民國新生活社會福利發展促進會／100學年度上學期免費課後服務方案─三芝國小（100年9月至101年1月）

27－花蓮縣豐裡國小／情緒教育推動計畫（100年9月至100年12月）

28－臺北市政府社會局100年度社會福利慈善基金會評鑑
林芳瑾基金會榮獲「優等基金會」殊榮（100年9月21日）

29－林芳瑾基金會5週年慶音樂會（100年10月30日）

30－中華民國自閉症總會／自閉症人際互動營（100年11月5~6日）

31－林芳瑾基金會第二屆第四次董事會議（100年11月30日）

32－「吉他。不設限」音樂會補助案（100年12月19日）

33－翠柏新村老人安養中心／老人諮商輔導活動計畫（本案通過後至100年12月31日）

101年度

01－急難救助業務（101年1月1日至101年11月30日）

02－居家服務補助業務（101年1月1日至101年10月31日）

03－助學金專案（101年8月27日至101年10月1日）

04－亞斯伯格症家屬支持專案／舞台劇演出（101年1月至101年4月）

05－弱勢自閉症家庭學費補助計畫（101年1月至101年12月）

06－臺北市中山區獨居長者「唱迎龍年慶團圓」歲末大團圓（101年1月9日）

07－「寒冬送暖」獨居長輩歲末關懷餐會（101年1月13日）

08－花蓮及臺中地區亞斯伯格族群支持系統計畫（101年2月至101年12月）

09－臺北市南港老人服務暨日間照顧中心101年度「活力生活」健康促進方案（101年2月9日至6月21日、101年9月6日至102年1月17日）

10－林芳瑾基金會第二屆第五次董事會議（101年3月29日）

11－亞斯伯格症家屬支持專案／紀錄片拍攝（101年5月12日）

12－銀髮關懷服務列車（101年6月至101年12月）

13－北海岸弱勢家庭社區照顧服務方案／愛心餐服計畫（101年6月至101年12月）

14－中華民國紅心字會／「信」福社區，「義」起來計畫（101年6月至102年12月）

15－101年亞斯兒（自閉兒）暑期親子創意營（101年7月至101年8月）

16－大小孩子的夢想世界／101夏季體驗之旅活動（101年08月15日）

17－元氣長生營養教室方案（101年9月22日）

18－公益宣導影展計畫／泛自閉症電影系列（101年10月）

19－提昇家庭照顧者生活品質計畫（101年10月6日至101年12月1日）

20－重陽敬老園遊會活動計畫（101年10月27日）

21－自閉症情緒行為問題療癒工作坊（101年11月3日至101年11月11日）

22－林芳瑾基金會第二屆第六次董事會議（101年11月30日）

23－101年度學生午餐補助計畫（101年12月3日至101年12月28日）

24－歲末暖心幸福迎新／中山區獨居長輩歲末關懷餐會（101年12月20日）

25－寒冬送暖／獨居長輩歲末關懷餐會（南港）（101年12月26日）

26－101年度「三芝區弱勢學子免費課後服務方案」（101年1月至101年6月）

102年度

01－急難救助業務（102年1月至102年11月30日止）

02－居服補助業務（102年1月至102年10月31日止）

03－身心障礙者培力補助計畫（102年1月1日至102年12月31日）

04－承辦臺北市政府社會局居家服務補助計畫（102年1月1日至103年12月31日）

05－林芳瑾基金會第三屆第一次董事會議（102年1月26日）

06－臺北市南港老人服務暨日間照顧中心102年度「活力生活」健康促進方案（102年2月9日至102年6月21日、102年9月6日至103年1月17日）

07－中華民國紅心字會／「信」福社區，「義」起來計畫（102年6月至102年12月）

08－社團法人中華民國新生活社會福利發展促進會102年度弱勢學子免費課後服務方案（102年1月至12月）

09－彰化縣私立聖家啟智中心／我們一起玩─發展遲緩及身心障礙兒童社會融合計畫（102年1月至12月）

10－102年年終感恩尾牙餐會（103年1月13日）

11－中華民國自閉症總會2013星星相惜讓愛走動活動（102年3月30日）

12－102年度元氣長生營養教室（102年5月4日）

13－102年度春季旅遊／讓愛走動‧讓心飛翔（102年5月11日）

14－林芳瑾基金會第三屆第二次董事會議（102年5月24日）

15－團體動力協會／「天堂、地獄、人間」腦麻者三岔路─社會處境中的人與教育系統搏鬥歷程分享交流會（102年6月22日）

16－102年度慢性病照顧者支持團體（102年7月至102年9月）

17－臺北市中山老人住宅暨服務中心／「緣來識你」單身長者社會支持工作坊計畫（102年8月16日至102年11月14日）

18－102年度歡樂放暑假「巧克力共和國」／夏季親子一日遊（102年8月20日）

19－102年度女性糖尿病家屬支持團體（102年9月14日至102年11月9日，9月21日除外）

20－新北市幫助高功能自閉與亞斯伯格團體／102年度協助身心障礙者生活自立服務

計畫（102年10月1日至102年12月31日）

21－102年度身心障礙鑑定與需求評估新制研討會（102年10月7日）

22－財團法人導航基金會

· 還原入雅／以雅樂舞作為障礙者身心復元之道（102年10月29日至102年12月11日）

· 樂活一下／障礙者音樂體驗（102年11月5日至12月17日）

· 生命敘說與專業實踐團體（102年10月21日至12月9日）

23－102年度居服員在職訓練課程暨秋季旅遊（102年11月9日）

24－新北市幫助高功能自閉與亞斯伯格團體／亞斯社群出書計畫—泛自閉族群生命故事之集體創作書（102年11月11日至103年1月11日）

25－林芳瑾基金會第三屆第三次董事會議（102年12月6日）

26－臺北市中山老人住宅暨服務中心／「馬到成功好運年」中山區獨居長輩歲末關懷餐會計畫（102年12月20日）

103年度

01－急難救助業務（103年1月1日至103年11月30日）

02－居服補助業務（102年11月1日至103年10月31日）

03－身障補助業務／早療補助專案（103年1月1日至103年12月30日）

04－承辦臺北市政府社會局居家服務補助計畫（102年1月1日至103年12月31日）

05－年終感恩餐會尾牙（103年1月13日）

06－林芳瑾基金會第三屆第四次董事會議暨感恩餐會（103年3月28日）

07－居家照顧服務補助聯繫會報（103年4月17日）

08－泛自閉人生的書寫課（贊助亞斯社群的創作書專案）（103年4月25日）

09－新書發表與生命圓夢會／臺北市立麗山高中（103年6月3日）

10－亞斯伯格藝術青年畫家吳柏均專案（103年7月20日出發至法國巴黎，為期40天）

11－慶祝父親節暨紀念林昭元創辦人音樂會（103年8月2日）

12－感恩基金會品格教育活動（103年1月）

13－慈濟內湖社區合唱團103年社區關懷計畫（103年1月至103年12月）

14－社團法人中華民國新生活社會福利發展促進會103年弱勢學子免費課後服務方案
　　（103年1月至103年12月）

15－社團法人嘉義縣扶緣服務協會103年度「音」「扶」在我「嘉」計畫（103年1月
　　至103年12月）

16－財團法人導航基金會障礙者身心復元計畫（103年4月至103年9月）

17－社團法人中華角落關懷互助協會「身鬆心空—雅樂舞身心動態課程」（103年2月
　　至103年12月）

18－財團法人臺灣省私立健順養護中心／委託辦理南港老人中心103年度「活力生活
　　健康促進方案」（103年2月至103年12月）

19－財團法人宜蘭縣私立慕光盲人重建中心雅樂舞應用在中途視障者身心保健課程計
　　畫（103年3月至103年5月）

20－中華民國紅心字會／委託辦理信義老人中心「信」福社區，「義」起來—失智症
　　長者團體服務方案及失智症家屬支持團體服務方案（103年3 月至103年8月）

21－財團法人導航基金會「還原入雅—以雅樂舞作為障礙者身心復元之道」人才培訓
　　計畫（103年5月至103年9月）

22－社團法人台北市新活力自立生活協會2014知麻慮鬥—以家庭作為方法腦性麻痺主
　　體經驗發展（103年6月）

23－中華光鹽愛盲協會以雅樂舞身心動態課程實驗於中途視障者身心復元研究（103
　　年6月至103年12月）

24－財團法人臺灣省私立健順養護中心／委託辦理中山老人中心103年度臺北市中山
　　老人服務中心銀髮快樂學堂成果展活動計畫（103年11月）

25－林芳瑾基金會第三屆第五次董事會議（103年11月27日）

104年度

01－急難救助業務（104年01年01日至11月30日）

02－居服補助業務（104年01月01日至11月30日）

03－身障補助業務

　　‧身心障礙補助專案（104年1月至104年12月）

　　‧社團法人中華民國希伯崙全人關懷協會共生家園補助專案（104年7至104年12月）

04－104年輔仁大學「雅樂舞與文化創生」行動研究計畫（104年至106年）

05－慈濟內湖社區合唱團104年社區關懷計畫（104年1月1日至12月31日）

06－社團法人中華民國新生活社會福利發展促進會／弱勢學子免費課後服務方案
　　（104年1月1日至104年1月23日、104年3月2日至104年6月30日、104年9月7日至104年）

07－林芳瑾基金會第三屆第六次董事會議暨感恩餐會（104年3月27日）

08－104年臺北市政府社會局溫馨年菜—愛心快遞專案（104年2月16日、年菜發送104年2月12至17日）

09－104年寬心安頓悲傷輔導專案：復航空難瑜伽餤口超渡法會（104年2月28日至3月1日）

10－中華民國紅心字會「信」福社區，「義」起來／失智症長者團體服務方案及失智症家屬支持團體服務方案（104年3月至5月）

11－104年春酒暨感恩餐會（104年3月27日）

12－2015內湖夜光盃公益慈善籃球賽暨夜光市集（104年5月30日）

13－104年寬心安頓社工人員支持團體（104年7月22日至104年8月26日）

14－104年財團法人奇幻文化藝術基金會／雅樂舞身心動態協助身心障礙者自我療癒影像紀錄計畫（104年9月至104年12月）

15－2015PSA聽益路跑活動（104年9月19日）

16－社團法人嘉義縣扶緣服務協會／西在動‧埤在養~樂活新港社區（104年3月至12月）

17－林芳瑾基金會第三屆第七次董事會議（104年10月16日）

18－104年新北市三芝區關懷活動／傳遞芳瑾愛‧幸福滿圓山（104年12月22日）

105年度

01－急難救助業務（105年1月1日至105年11月30日）

02－居服補助業務（105年1月1日至105年11月30日）

03－身障補助業務／身心障礙者社區自立支援計畫（105年1月1日至105年12月30日）

04－105年度臺南市弱勢扶助專案業務（105年5月15日至105年11月30日）

05－輔仁大學「雅樂舞與文化創生」行動研究計畫（104年至106年）

06－臺大兒童醫院兒少保護整合性醫療計畫（105年度至107年度）

07－財團法人奇幻文化藝術基金會／105年度雅樂舞身心動態協助高齡年長者自我安頓影像紀錄計劃（105年1月至105年12月）

08－慈濟內湖社區合唱團105年社區關懷計畫（105年1月1日至105年12月31日）

09－社團法人中華民國新生活社會福利發展促進會／105年度北海岸弱勢家庭愛心餐服務計畫（105年1月1日至12月31日）

10－社團法人中華民國新生活社會福利發展促進會／105年度三芝鄉弱勢學子免費課後服務方案（105年1月1日至12月31日）

11－臺北市政府社會局溫馨年菜—愛心快遞計畫（105年2月3日至105年2月6日）

12－林芳瑾基金會第四屆第一次董事會議暨春酒晚宴（105年3月25日）

13－105年度「幸福守護網平台」第一次聯繫會報（105年4月27日）

14－林芳瑾基金會第四屆第一次臨時董事會議（105年4月29日）

15－105年三芝區關懷活動／傳遞芳瑾愛・幸福滿圓山（105年6月1日）

16－林芳瑾基金會第四屆第二次臨時董事會議（105年7月19日）

17－臺北市政府社會局105年度社會福利慈善基金會評鑑（105年8月24日）

18－林芳瑾基金會10週年慶系列活動暨慈善音樂會（105年10月22日）

19－林芳瑾基金會第四屆第二次董事會議（105年12月2日）

感謝的話

感謝的話

　　基金會一路走來，十年了。在這段漫長過程中，從無到有，到今日奠定下不少善的基礎，推動了不少專案，都得感謝很多人的協助。因為版面有限，書的內容有一定的進程和編排，特別在這裡將幫助過我們的人，尤其是受訪者列出，再說聲深深的——謝謝！

感謝贊助

大成不銹鋼工業 股份有限公司	大成國際鋼鐵 股份有限公司	宏亞食品股份有限公司 董事長／張豪城

基金會受訪人員

【舵手的畫像】

程恕人 董事長

　　國立臺灣師範大學教育研究所結業，曾任建國中學退休教職員聯誼會總召集人、財團法人新港國小教育基金會董事、台北嘉義同鄉會新港聯誼會第四屆會長、臺北市萬華區孝德社區發展協會理事長，現任職財團法人臺北市林芳瑾社會福利慈善事業基金會董事長、建國中學校友會文教基金會董事、財團法人日盛教育基金會董事。

【募書專案】

李映慧 董事

　　國立臺北藝術大學藝術碩士，曾任林榮德兒童音樂教育中心教師暨學園音樂主任、臺南家專音樂科鋼琴個別課暨家政科琴法教師、臺北市仁仁音樂教育中心行政主任、中華奧福教育協會第六屆理事長、台灣奧福教育協會師訓課講師、臺北市音樂理想國鋼琴教師。現任職財團法人臺北市林芳

瑾社會福利慈善事業基金會董事、國立高雄餐旅大學通識中心兼任講師。

【人生因利他而豐富】

林芳寬 執行長

　　畢業於奧地利薩爾茲堡國立莫札特音樂暨表演藝術大學，返國後從事音樂教育工作，並曾任台灣奧福教育協會秘書長、台北北安扶輪社創會會員暨理事、台北市國際工商經營研究社理事/監事。現任財團法人臺北市林芳瑾社會福利慈善事業基金會執行長、林姓實業股份有限公司常務董事、財團法人台灣健康促進基金會常務董事、財團法人旭立文教基金會董事、財團法人嘉義新港國小林昭元教育基金會董事、社團法人台北市嘉義縣同鄉會理事，長期投入社會福利慈善公益事業。

【急難救助專案、居家服務照顧與補助專案】

沈莉眞 主任

　　畢業於私立實踐專校社會工作科、國立陽明大學衛生福利研究所。從事社會工作專業服務近25年，專長領域爲社會工作直接服務、社會工作管理、醫務社會工作、長期照顧服務、安寧療護、志願服務與管理。社工專業生涯以醫務社工爲起點，並曾擔任桃園縣社會工作師公會首任理事長、臺北市政府社會局公職社工師、科員、臺北市立陽明教養院社工課課長。現任財團法人臺北市林芳瑾社會福利慈善事業基金會主任。

感謝愛的顧問團

（專案依執行時序、受訪者依筆畫排序）

【銀髮族照顧服務與合作方案】

常繼步 先生

　　現任財團法人新北市大樹社會福利基金會新北市板橋海山公共托老中心主任，曾於民國98年9月到102年6月擔任林芳瑾基金會主任，在職期間，

大力推動基金會的社福系統的建構，尤其在銀髮族及居家照顧方面多所著墨，亦鏈結其他社福機構或單位的資源，擴展基金會的發展能量。

【寬心安頓專案】

黃柏嘉 先生

專業諮商心理師。國立臺北教育大學教育心理與諮商研究所碩士，目前固定服務於旭立心理諮商中心，亦是台灣性諮商學會的理事兼發言人；與親子天下雜誌的駐站專欄作家之一，並接受各單位的專案委託諮詢、演講。

練炫村 女士

在科技業服務近20年，始終秉持績效做事，現代化的營運管理方式。民國100年正式接掌呂旭立基金會執行長一職後，積極擴展呂旭立基金會的發展能量，業務三大主軸分別是諮商中心服務、課程辦理及政府委託專案，於臺北、臺中及高雄成立據點，積極爭取中央及地方政府的資源，持續擴大社區型的心理諮商中心的營運，提供服務有家庭諮商、親子諮商及夫妻會談等，並協助各社福機構轉介的個案，也與各企業合作提供員工心理輔導及協助。

【雅樂舞身心動態課程專案】

輔大心理系

在臺灣，輔大心理系算是一個非常特殊的系別，除了是全國私立大學中唯一同時具有碩、博士班的心理學系外，系上因為對實務經驗的要求，有許多來自於深耕社會福利單位、機構多年的學生，資歷豐厚，亦有不少的身障者就讀。在課程的設計上，針對心理學各種不同領域的發展需求，如輔導諮商、認知心理學等領域的基本課程外，還有諮商輔導、團體過程、戲劇治療等專業課程的選修。

陳玉秀 女士

韓國慶熙大學舞蹈研究所碩士，曾在中國文化大學、國立藝專、國

光藝校舞蹈科、臺北女子師範專科學校等任教，並從民國88年開始擔任振興復健醫學中心骨科部顧問，曾出版《雅樂舞與身心的鬱閟》、《身心量覺的迴路》等書。學術與展演發表有：振興雅樂舞團《雅樂舞之美——結構·解構·重構》國家戲劇院（民91）、臺北民族舞蹈團《桃花過渡》（民77）、青訪團《飛天》（民76）、蘭陽舞團《鼓舞》、李泰祥「傳統與展望」（民72）、歌劇「雙城復記」（民70）、韓國國立劇場舞蹈團《舞劇／好童王子》韓國國立劇場（民61）、日本萬國博覽會（民59）等等。

夏林清 女士

目前為輔大教授兼社會科學院院長，為美國哈佛大學博士，擅長性別與心理治療、生涯發展與成人教育、團體動力與社群發展、組織學習與專業實踐、家庭關係等領域。

林紋琪 女士

目前為輔大心理系研究員，曾在社會福利機構工作多年。在接觸雅樂舞後，深感雅樂舞的浩瀚精深，及對人產生的影響及幫助，多年來，除了繼續投入社會福利的領域外，亦跟隨陳玉秀腳步，積極研究雅樂舞。

黃圓珍 女士

目前為輔大心理系研究員。自承在成年後面臨失明危機時，若不是藉由雅樂舞的協助，她很難適應僅靠盲胞手杖過活的日子。透過身心安頓、中心軸線的運用，她一步步走出屬於自己的快樂人生。

【亞斯伯格症家屬支持專案】

卓惠珠 女士

花媽本名卓惠珠（臉書帳號同名），《當H花媽遇到AS孩子》《山不轉我轉，花媽反轉亞斯的厚帽子》作者。網友暱稱花媽。經營多個社群部落格及粉絲頁，如幫助高功能自閉與亞斯伯格，板橋花媽卓惠珠的人文空

間，理解人際互動和情緒障礙並促進多元學習等。

陳玉秀 女士

韓國慶熙大學舞蹈研究所碩士，曾在中國文化大學、國立藝專、國光藝校舞蹈科、臺北女子師範專科學校等任教，並從民國88年開始擔任振興復健醫學中心骨科部顧問，曾出版《雅樂舞與身心的鬱闕》、《身心量覺的迴路》等書。學術與展演發表有：振興雅樂舞團《雅樂舞之美——結構‧解構‧重構》國家戲劇院（民91）、臺北民族舞蹈團《桃花過渡》（民77）、青訪團《飛天》（民76）、蘭陽舞團《鼓舞》、李泰祥「傳統與展望」（民72）、歌劇「雙城復記」（民70）、韓國國立劇場舞蹈團《舞劇／好童王子》韓國國立劇場（民61）、日本萬國博覽會（民59）等等。

陳沁慈 女士

本會專案前執行專員（民國100年~102年）

張嘉容 女士

「水面上與水面下」劇團藝術總監，國立藝術學院戲劇碩士，行政院文建會赴法出訪藝術家（民99），臺北國際藝術村文學類駐地藝術家（民96）。劇本《美麗沉睡者》99年在巴黎出版，由張嘉容與法國Espace Louis Jouvet（Rathel）劇院共同製作發表，並於100年6月臺灣首演。編導創作之外，另主持針對弱勢族群的「天使宅急便」計畫（民98~100），到多個婦女／心衛／社福團體開設戲劇工作坊。

楊豫揚 先生

日本東海大學廣報學碩士、廣電節目企畫與製作、多媒體節目企畫與製作，曾在「光啟社」知名的節目製作中心參與眾多節目的製作。

劉 敏 女士

日本東海大學日本語教育學課程結業、帽子劇團團長、敬業文教服務

兒童閱讀推廣講師；PHP素直友會種籽講師、北縣市多所國小故事媽媽培訓講師。曾任肯納自閉症協會親子早療班助教。現任台北市智障者家長協會、永明發展中心親子繪本早療班教師。

【居家服務照顧與補助專案】

陳道美 女士

曾任林芳瑾基金會承辦「臺北市政府社會局居家照顧補助計畫」居服員（102年~103年）；居家服務年資10年。

【罕見疾病與身心障礙補助專案】

李　燕 女士

中華民國團體動力協會專員；該協會致力於全民教育團體動力知識及方法研究，針對團體動力之理論與成效進行社會治療等工作。即以「團體動力」的大、小團體作為工作方法，努力支持社會底層的家庭、身心障礙族群、助人工作者、外籍配偶的家庭、單親媽媽與失業工人。

林子期 先生

民國74年生，臺灣省屏東縣人，罕見疾病小腦萎縮症病友（SCA）。三歲時，父親因為車禍過世，之後母親也改嫁，由爺爺扶養長大。高中畢業不久即投入軍旅生活，民國95年憲兵役退伍後，於民國98年半工半讀取得二專學歷。100年看了日劇《一公升的眼淚》，發覺自身的症狀與劇中主角類似，同年1月，經高雄醫學大學附設中和紀念醫院確診罹患罕見疾病小腦萎縮症（SCA）。

周志文 先生

肌肉萎縮患者，亦全力推動重度障礙者自立生活，目前並擔任腦麻患者「轉譯者」。

鄭智仁 先生

民國40年生於彰化二水，中山醫專畢業。細胞學、放射線學、生殖醫

學專家。著有《臨床體外授精與胚胎移植》（民76）及《男性不孕症學》（民77）等，並獲有多項發明專利。40歲結婚生子之後，開始用母語寫歌，其作品充滿著土地文學的感動，有親情、有大愛，對咱臺灣這塊孕育伊成長的土地有很深的疼惜與期待。民國88年臺灣921大地震後大量被電視媒體應用在賑災畫面的配樂「天總是攏會光」就是其作品。曾獲選2000年美國關懷臺灣基金會對臺奉獻獎，近年來更是屢次為罕見疾病族群發聲，每年舉辦慈善募款音樂會，幫助弱族團體。

賴宗育 先生

輔大法律系，現任「社團法人臺北市新活力自立生活協會」理事長，致力於推動重度障礙者的自立生活。

時報悅讀 008

愛，從臺灣飛翔：一個角落也不遺忘

籌備委員——程恕人、李映慧、林芳寬、林美鳳
編　　審——沈莉真
策　　畫——財團法人臺北市林芳瑾社會福利慈善事業基金會
撰　　述——戚文芬
編　　輯——王克慶、謝翠鈺
校　　對——沈莉真、李足愛
執行企劃——李足愛
行銷企劃——廖婉婷、李昀修
封面設計——果實文化設計工作室
美術編輯——黃庭祥
董 事 長
　　　　　——趙政岷
總 經 理
出 版 者——時報文化出版企業股份有限公司
　　　　　10803台北市和平西路三段二四〇號七樓
　　　　　發行專線／（02）2306-6842
　　　　　讀者服務專線／0800-231-705、（02）2304-7103
　　　　　讀者服務傳真／（02）2304-6858
　　　　　郵撥／1934-4724時報文化出版公司
　　　　　信箱／台北郵政79～99信箱
時報悅讀網——www.readingtimes.com.tw
法律顧問——理律法律事務所　陳長文律師、李念祖律師
印　　刷——華展印刷有限公司
初版一刷——二〇一六年八月十二日
定　　價——新台幣三五〇元

國家圖書館出版品預行編目資料

愛.從臺灣飛翔：一個角落也不遺忘／戚文芬撰述. -- 初版. --
臺北市：時報文化, 2016.08
　面；　公分. --（時報悅讀；8）

ISBN 978-957-13-6723-1(平裝)

1.臺北市林芳瑾社會福利慈善事業基金會

548.4933　　　　　　　　　　　　105011895

ISBN 978-957-13-6723-1
Printed in Taiwan